다중격차, 한국 사회 불평등 구조

다중 격차

한국 사회 불평등 구조

전병유·신진욱 엮음

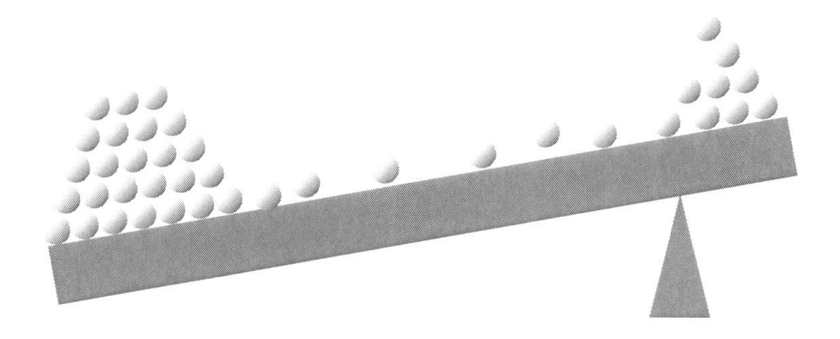

페이퍼로드
paperroad

다중격차, 한국 사회 불평등 구조

초판 1쇄 발행 2016년 6월 29일

엮 은 이 전병유·신진욱

펴 낸 이 최용범
펴 낸 곳 페이퍼로드 paperroad
편　　집 박강민, 김종오
마 케 팅 정현우
관　　리 강은선

출판등록 제10-2427호(2002년 8월 7일)
주　　소 서울시 마포구 연남로3길 72(연남동 563-10번지 2층)
전　　화 (02)326-0328, 6387-2341
팩　　스 (02)335-0334
이 메 일 book@paperroad.net
홈페이지 www.paperroad.net
블 로 그 blog.naver.com/paperoad
페이스북 www.facebook.com/paperroadbook

ISBN 979-11-86256-31-2 (03330)

- 이 저서는 2014년도 정부(교육부)의 재원으로 한국연구재단의 지원을 받아 수행된 연구임 (NRF-2014S13A2044833).

차례

제2장 한국의 불평등 현황과 다중격차

제3장 산별노조운동의 성과와 한계

: 산업 내 그리고 산업 간 임금 및 사회보험의 불평등 추이

제4장 다중격차와 청년세대

제5장 한국경제에서의 불평등 증가와 성장패러다임의 전환

제6장 다중격차 해소를 위한 조세재정정책

제7장 다중격차 시대의 복지국가와 사회정책

『다중격차, 한국 사회 불평등 구조』를 펴내며

책을 펴낸 이유

1990년대 말에 불어 닥친 경제위기 이후 불평등은 우리 사회의 가장 중요한 문제로 자리매김했다. 그런 만큼 한국의 불평등 연구 정치, 경제, 사회 등 다양한 시각에서 상당한 진척을 보였고, 관련 번역서도 많이 발간되었다. 하지만 불평등 문제를 해소하거나 최소한 완화하기 위해서는 그 원인과 메커니즘에 대한 세심한 관찰이 선행되어야 한다는 점에서 아쉬움이 없었던 것도 아니다.

우리 사회 불평등은 소득과 자산의 격차문제를 중심으로 노동, 세대, 사회보장, 정치 등 우리 삶과 밀접한 관련을 갖는 다양한 영역에서 똬리를 틀고 있다. 이러한 현상에 주목하여 우리는 불평등 문제가 전체 사회 속 각각의 독립적인 영역에서 발생하는 개별적인 현상이 아니라, 그 상호관련성이 점점 밀접해지면서 구조화되는 경향을 발견할 수 있었다. 그리고 이 불평등의 구조화 현상을 '다중격차'로 이름 붙였다. 그러니까 다중격차는 사회 각 영역의 격차가 중첩되어 나타나는 구조화 현상과 함께 다시 각 영역 속에 불평등 요소들이 상호작용하는 복합적인 불평등 구조화 현상을 통칭하는 규정이라고 할 수 있다.

다중격차, 불평등에 관한 통합적 접근

1997년 경제위기를 거치면서 한국의 노동시장은 대기업과 중소기업, 정규직과 비정규직으로 갈라졌고, 한편으로 빈곤층이 광범하게 확산되면서도 다른 한 편으로는 초고소득층이 증가하고 있다. 주기적으로 부동산 투기가 발생하면서 자산 가격 상승에 동참한 자와 그렇지 못한 자로 나뉘었다. 교육은 불평등을 완화하기보다는 불평등 구조를 세대 간 이전하는 불평등 재생산의 도구가 되고 있다. 제도와 정책 그리고 정치는 불평등과 빈곤을 완화하지 못했다. 우리는 한국 사회의 이러한 다차원적인 불평등 구조를 '다중격차'라는 개념으로 파악해보고자 하였다. 소득, 자산, 소비, 그리고 교육과 주거에서의 불평등이 서로 독립적으로 존재하는 현상이라기보다는 서로 상호작용하면서 서로를 강화하는 하나의 불평등 중첩의 구조를 가진다는 것이다. 개인의 생활 수준과 사회의 구조는 하나의 변수로 모두 설명되기 어렵다. 그동안 불평등에 대해서는 매우 다양한 접근들이 이루어졌고, OECD나 UN의 등 국제기구들에서 통합적 접근을 위한 시도가 되고 있지만 아직은 초보적인 수준이다. 다차원적 불평등에 대한 통합적 접근에 관한 이론 틀도 여전히 미흡하다. 따라서 우리의 문제의식을 담을 그릇이 충분하지 않다. 이 책은 한국 사회의 불평등 구조를 다차원적으로 분석하기 위한 실험적인 시도로서, 기존의 불평등 연구에 관한 다양한 논의와 분석들을 포괄적으로 담아 한국 사회의 다중격차 구조를 드러내보고자 하였다.

이 책은 이러한 문제의식을 바탕으로 다중격차이론에 대한 시론적 작업을 시작으로 불평등의 고전적 주제인 소득 및 자산은 물론, 한국 경제의 패러다임, 그리고 노동, 세대, 조세, 사회보장, 정치 영역으로 나누어 다중격차가 어떻게 우리 사회 전반에 작동하는지를 밝히고, 나름의 대안들을 담고 있다.

각 장의 주요내용

1장과 2장에서는 다중격차의 개념과 정의, 그리고 한국의 불평등 구조를 나타내고, 3장과 4장에서는 다중격차가 사회적 균열로 드러나는 방식을 계층과 세대의 관점에서 다루고자 하였다. 5장부터 7장까지는 한국 사회의 불평등 구조에 대응하기 위한 정책 패러다임을 고민해보았고 8장에서는 불평등과 정치의 관계, 그리고 불평등 완화를 위한 정치 개혁 의제들을 검토해보았다.

1장에서는 한국 사회의 불평등 구조를 '불평등의 중첩'이라는 개념으로 파악한다. 2014년 '세 모녀' 사건은 소득, 주거, 건강 등 여러 차원의 불평등 문제가 응축되어 나타난 불평등 중첩의 상징적인 사례다. 여러 차원의 불평등이 함께 공존하면서 하나의 체계를 이루며 개인과 가족의 삶을 극단으로 몰아 부친 한국 사회 불평등의 단면을 여지없이 드러내 준 사건이었다. 이를 저자는 다중격차로 부르고 있다. 즉, '다중격차'란 "다양한 불평등 영역이 지속적인 상호작용을 통해 서로가 서로를 강화시켜 개별 불평등의 작동방식과는 독립적인 작동방식을 갖춘 불평등의 특수한 형태로 정의된다. 이러한 다중격차의 고유한 동학은 다수의 불평등 범주 간의 상호작용으로부터 생성되며, 각각의 불평등 범주로 환원될 수 없는 고유한 문법을 갖는다. 그와 같은 다중격차의 체계는 구조화되고 재생산되는 경향을 띤다. 따라서, 여러 불평등 차원이 중첩되는 다중격차가 체계화되는데, 다중격차 하에서는 하나의 불평등 영역에서 낙오하면 다른 영역에서 이를 회복하는 것이 힘들어진다. 더욱이 다중격차는 배제적인 성격을 가진다. 과거에 한국의 발전주의는 성장의 결실을 공유하는 낙수 효과를 통해 다수 계층의 생활수준이 동반상승하는 '엘리베이터 효과'(울리히 벡)를 실현했으나, 개발 모델의 시효가 만료된 후에는 일부 계층의 지위가 상승하는 동안 다른 계층은 하강하는 '버킷 엘리베이터 효과'가 나타나고 있으며, 귀속적 지위가 성취된 지위보다 우세한 '배제적 세습 자본주의' 체제로의 전환이 일어나고 있다고 평가하고 있다.

2장은 소득, 자산, 소비에서의 불평등의 추이를 통계를 통해 보여준다. 먼저 가계 소득의 경우, 한국에서 1970년대 후반부터 불평등이 급상승하다가 1980년대 후반 이후 감소하다가 1990년대 중반을 전환점으로 하여 다시 상승하는 추이를 보여준다. 현재 한국의 가계소득 불평등 수준은 OECD 중간 수준이다. 그러나 개인임금소득의 불평등은 OECD에서 가장 높은 수준의 국가군에 속한다. 저소득층 가계의 경제활동참여율이 대단히 높기 때문이다. 한국의 경우, 1990년대 이후 임금 불평등의 증가율도 다른 나라들에 비해 대단히 높다. 이는 소득불평등의 증가가 무엇보다 노동시장에서 임금 불평등에 기인하는 바가 크다는 점을 나타낸다. 1990년대 들어 무역의존도가 가파르게 증가했을 뿐 아니라 주요 교역 상대국이 미국에서 중국으로 이동하면서 제조업에서의 중간일자리가 사라지고, 1997년 금융위기 이후 비정규직이 급증하고 정규-비정규 임금격차가 확대되었다. 한편 한국의 불평등 구조에서는 초고소득층으로의 소득 집중보다 빠른 상대적 빈곤층의 확산이 더 두드러진다. 그러나 조사 통계가 아닌 국세통계 분석에서는 초고소득층도 빠르게 증가하고 있다. 자산소득 불평등의 심화 문제도 간과할 수 없다. 이른바 '피케티 비율'이라고 부르는 소득 대비 순자산 비중이 2000년대 이후 급상승하여 국제비교 관점에서도 매우 높은 수준을 나타내고 있어 세습자본주의의 가능성이 한국에서도 낮지 않다는 점을 보여준다. 소비불평등도는 외환위기 이후 일시적으로 감소하였지만 2003년 이후 다시 증가한다. 그러나 소득불평등의 꾸준한 심화에 비해 소비불평등도는 비교적 안정적으로 유지되고 있는데, 이는 저소득층의 소비가 부채에 의해 증가한 데 기인한다.

3장과 4장에서는 계층과 세대 차원에서의 불평등과 연관된 사회적 균열 현상을 다루고 있다.

3장은 노동 내부에서의 균열을 다루고 있다. 특히 한국에서 산별노조가 산업 내, 산업 간 실질임금과 사회임금의 불평등을 완화하는 데 얼마나 기여했는가라는 '산별노조의 평등화 역량'을 평가하였다. 한국의 산별노조는 형식상 독일노조 모델을 갖추고 있지만 실제로는 재벌산하 대규모 제조업 사업장 노조는 기업별 교섭의 틀을 따르고 있다. 한국에서 이 노조들의 선도교섭은 연대의 확산이 아니라, 반대로 "각자도생의 확산효과"와 "하방압력 효과"를 낳고 있다. 산업 내 업체들의 정규직 노조 간의 경쟁적인 임금인상이 이루어지면 이에 대한 선도업체 사용자의 대응은 장기적으로 생산시설의 해외이전, 단기적으로는 사내 정규직 고용 동결 혹은 축소, 사내 하청 및 비정규직 확대, 기존 비정규직의 임금의 하향조정 등으로 나타났다. 결과적으로 대규모 사업장 정규직과 나머지 노동자들 간의 불평등 확대로 귀결되고 있다. 그러나 저자는 노조 조직률은 미조직 노동자들의 사회임금에까지 큰 영향을 미치고 있음을 확인하고 있다. 비정규직의 노조 가입률이 비정규직의 사회보험 적용률에 미치는 영향은 미미하지만, 정규직 노조 조직률이 높은 산업부문에서는 비정규직의 사회보험 적용률 역시 높은 것으로 나타났다. 저자가 밝히고 있는 바와 같이 양자 사이의 인과관계는 분명하지 않지만, 적어도 양자 사이에 상관관계는 분명히 드러난다. 산별노조가 직접적으로 해당 산업의 미조직 노동자와 비정규직의 임금을 향상시키는 데 기여하고 있진 못하지만 거시적인 사회안전망 확보에는 영향을 미칠 수 있다는 것이다. 이는 산별협상에서 무노조 중소사업장 노동자의 사회보험 적용을 기업주에게 기본임금의 일부로 요구하는 것이 가능함으로 시사한다. 또한 저자는 사업장별 생산성 차이를 인정하되 생산성 상위 사업장과 하위 사업장 간의 임금수준의 차이를 좁히는 연대임금 제도의 확립을 제안하고 있다.

4장에서는 한국사회의 새로운 불평등 양상으로 세대 간 격차 문제를 다루고 있다. 청년층이 점차 '구조적으로' 하위계층이 되어가고 있으며, 군나르 뮈르달의 '언더클래스' 개념을 빌어, 탈산업화, 일자리 없는 성장, 구조조정 등으로 노동시장에 진입조차 하지 못하고 주변화되는 계층으로 보고 있다. 한국사회에서 청년층은 구조적으로 불안정노동에 배치되며 정규 노동시장에 좀처럼 진입하기 힘든 생애과정상의 변동을 겪고 있다. 이에 대한 대응으로 청년유니온, 알바노조 등 청년노동자의 권익을 찾기 위한 운동이 일어나기도 하지만, 다른 한편으론 일베와 같은 약자혐오 집단이 확산되기도 한다는 점을 주목한다. 현재 한국에서 청년들의 일자리 문제를 세 가지로 요약하고 있다. 일자리가 없다(청년실업). 일자리가 불안하다(비정규직). 일자리가 저질이다(최저임금 위반, 열악한 처우 등). 그 원인으로는 첫째, 한국경제가 저성장 국면에 접어들었고 고용창출 능력이 떨어졌다는 점, 둘째, 그나마 창출되는 대부분의 일자리는 임금, 안정성, 처우 등이 열악한 중소기업 부문이라는 점, 셋째, 정부의 청년일자리 정책이 미흡하다는 점 등을 들고 있다. 한국에서도 청년실업률은 언제나 전체 실업률보다 두 배 이상 높았음에도 정부의 청년일자리 예산은 다른 선진자본주의 국가들의 1/6 정도에 불과하며, "한국 정치는 지금 철저하게 중년남성들이 쓰고 있다"는 점을 강조한다. 청년층은 실업, 불안정노동, 열악한 노동조건으로 고통을 받고 있고, 노인층은 고령노동, 노인빈곤, 높은 노인자살률, 노령층 내의 빈부격차 등 심각한 문제를 안고 있는데, 정당들은 자신들의 정치적 이익을 위해 세대 갈등을 부추기고 동원하는 데만 관심을 가진다는 세대정치 문제를 제기하고 있다.

5-7장은 불평등에 대한 정책 대응을 다루고 있다.

먼저 5장은 불평등과 경제성장의 문제를 다루고 있다. 경제발전 초기에는 불평등이 증가하다가 일정한 발전단계를 넘어서면 불평등이 줄어든다는 루이스 가설은 한국에서 기각되었고, '낙수효과'에 의한 불평등 완화보다는 오히려 계층 간 불평등이 경제성장을 가로막는 효과가 훨씬 크게 나타나고 있다. 특히 생산물시장과 노동시장에서의 이중화는 대기업의 자동화, 아웃소싱, 유연화 전략의 결과이며, 수출-부채 주도 성장 체제에서 벗어나 성장 패러다임의 전환이 필요하다는 점을 지적하고 있다.

저자는 1960년대 이래 20여 년간이 미국에 대한 수출에 주로 의존하는 1차 수출주도 성장체제였다면, 1990년대 중반 이래 20여 년 간은 주로 중국을 대상으로 하는 수출에 의존하는 2차 수출주도형 성장체제로 보고 있다. 대기업은 동아시아 생산분업 구조라는 지경학적 조건 하에 숙련노동의 배제를 특징으로 하는 자동화와 외주화를 극단적으로 추구한 결과 수출의 대내적 연관효과가 약화되었으며, 그 결과로 수출-내수 격차, 기업소득-가구소득 격차, 대기업-중소기업 격차, 생산성-소득 간 괴리가 심화되었다. 이러한 수출주도 성장체제 자체가 국내의 수요안정성을 보장하지 못한다는 근본적인 불안정성을 갖고 있으며, 이를 보완하기 위해 건설투자와 가계부채 확대에 기초한 내수 부양 정책도 한계가 있기 때문에 '임금(소득) 주도 성장 체제'로의 변화가 필요하다고 보고 있다. 다만, 임금 상승이 생산성 상승을 동반하는 선순환 메커니즘을 창출하기 위한 사회적 합의가 필요하고, 소득정책의 연대성을 확보하고 혁신산업 정책에서 공유자산적 접근을 하는 것이 필요하다고 강조한다. 즉, 더 강화된 최저임금 정책과 더불어 저임금계층, 영세 소기업, 자영업자 계층의 연대를 가능케 하는 연대소득 정책, 중소기업 보호정책을 넘어서는 공유자산에 기반하는 혁신중소기업군을 창출하는 정책, 장기적이고 점진적인 조세 확대와 더불어 무엇보다 현존하는 공공부문 자산을 성장체제 혁신을 위해 효과적으로 활용하는 방안 등을 제시하고 있다.

6장은 다중격차 해소를 위한 조세재정 정책을 다루고 있다. 한국은 그동안 이른바 '저부담-저복지 소득재분배 체제', 사회복지에 의한 공적 사회안전망보다는 사적 복지에 주로 의존하는 생활보장 체제를 유지했다. 고도성장기에는 노동소득 창출과 저축을 통해, 2000년대에 들어와서는 가계자산 형성을 통해 생활의 문제를 해결하려는 형태로 나타났다. 2013년 이후, 임금소득세제 본격 시행, 파생상품 양도소득세 과세, 소득공제를 세액공제로 전환, 근로소득공제율 인하, 소득세 최고세율 적용구간 인하, 대기업 연구개발비 세액공제 한도 인하, 경기활성화 3대 패키지세(근로소득 증대세제, 배당소득 증대세제, 기업소득 환류세제) 채택, 주택 취득세율 영구인하, 다주택자 양도소득세 중과세 폐지 등 부동산 과세완화 정책, 가업상속 공제 적용대상 확대, 담배세 인상 등 박근혜 정부의 세제 개편은 전체 조세부담률 수준에 큰 영향을 미치지 못했으며 오히려 소득재분배 측면에서는 불평등을 심화시켰다. 이중 가장 증세효과가 컸던 것이 역진적 담배세였다. 저부담-저복지-저성장으로 인해 정부 재정건전성이 약화되고 국가채무가 증가하는 상황에서, 정부는 재정건전성을 강조해왔지만, 여러 감세정책으로 오히려 세수결손 문제는 더욱 심각해졌다. 낮은 조세부담률은 저임금 기반 성장체제와 불가분 관계를 가진다.

저자는 소득불평등을 완화하여 가계의 가처분소득을 높이는 동시에 조세부담률을 높여 정부의 공공복지 능력을 높이는 새로운 체제로의 이행 필요성을 강조한다. 한국은 대부분의 세목에서 세수 규모가 OECD 평균에 비해 낮지만 근로자의 사회보장 기여금, 부동산 보유세 등은 평균에 근접한 수준이고 법인세와 자산거래세는 OECD 평균보다 높은 수준이며 개인소득세와 고용주의 사회보장 기여금이 매우 낮은 수준이다. 따라서 직접세와 누진도 강화 방식의 증세를 더욱 강화해야 한다. 직접세 중에서 특히 자본소득 및 자산보유 과세 강화가 우선적으로 이루어져야 한다. 법인세는 상위 10대 기업의 실효세율이 대기업 평균보다 오히려 더 낮고, 소득세는 상위소득층에 대한 세율이 다른 OECD국가들보다 더 낮다.

한편 정규직 고용형태를 근간으로 하는 사회보험 중심 복지제도는 노동의 불안정화가 진행될수록 사각지대, 낮은 보장률 등 문제를 발생시킨다는 점도 강조한다. 또한 고령화 진행될수록 후속세대에 큰 부담을 지우는 세대 간 착취 현상도 발생할 가능성이 높다. 조세에 의한 복지가 차지하는 비중이 더 강화되어야 하며, 기초연금, 실업수당, 의료보험, 보육·교육 등 여러 부문에서 조세 기반 재원 사용이 가능할 것으로 평가하고 있다.

7장에서는 다중격차 하에서의 복지국가와 사회정책의 성격과 방향에 대해서 다루고 있다. 현대 복지국가는 자본주의 생산관계가 낳은 불평등 문제에 대해, 계급과 가족을 주요 단위로 하여 대응하는 제도로 발전해왔다. 탈산업화와 서비스경제로의 전환으로 전통적 유형의 임금노동자 비중이 줄어들었고, 노동시장 이중화가 심화되어 기존 복지국가의 대응능력에 한계가 커졌다. 또한 경제의 지구화로 국가의 재정적, 정책적 자율성이 약화되었고, 과거의 남성생계부양자형 젠더질서도 점점 더 흔들리고 있다. 저자는 이러한 특성으로 인해 전통적 복지국가의 사회보험, 공공부조 제도모델은 다차원적으로 구조화되어 있는 새로운 사회불평등 문제들에 효과적으로 대응하기 어렵다고 보고 있다. 이 문제에 대한 해결방안은 복지국가에 이미 일부 편입되어 있는 보편주의적 성격의 사회정책을 강화하고, 전통적인 고용보호, 소득보장 제도를 개편하는 것보다는 기초연금, 아동수당, 기본소득 등 개인을 단위로 보편급여의 성격을 띠는 사회수당을 확대하는 것을 대안으로 제시하고 있다.

8장에서는 불평등과 정치의 문제를 다루고 있다. 정치는 다중격차와 어떤 관계를 갖고 있는가?라는 문제의식 하에서 한국에서 정치와 국가가 불평등 문제에 어떻게 대응해 왔는지를 민주화 이전과 이후로 나누어 검토하고 대안을 제시하고 있다. 박정희 정권의 정치적 권위주의는 성장지상주의와 불가분의 관계였다. 따라서 불평등 문제에 대한 아래로부터의 불만이 표출되는 것을 강력히 억압했고, 경제적 자원을 소수의 손에 집중시키는 재벌중심 체제가 정립되었다. 민주 대 반민주의 대립구도에서 야권 정당은 불평등 문제를 중요한 이슈로 삼았지만 제도적 대안을 제시하는 능력은 약했다. 박정희 정권은 쿠데타로 인한 정통성의 약점을 보완하기 위해 1960-70년대에 많은 사회복지 입법을 했다. 그러한 '발전주의 복지국가'는 독일식 사회보험 제도의 형식을 갖추었지만 실질적으로는 잔여적 성격이 강한 체제였다. 민주화 이후에 복지재정이 꾸준히 상승했음에도 불구하고 불평등 문제는 완화되지 않았다. 그 이유는, 정권교체 후에도 사회정책적 대응이 소극적이었다는 점, 정치민주화가 시장 자본주의의 확장을 동반했다는 점, 공정한 시장경쟁이 아니라 재벌체제 강화로 이어졌다는 점 등을 들 수 있다. 또한 민주화 이후 선거참여율이 급격히 하락하여, 불평등 문제에 대한 정치의 무관심과 정치에 대한 시민들의 무관심이 악순환을 이루게 됐다. 저자는 이러한 현실을 개선하기 위해 다양한 사회적 균열을 반영할 수 있는 혼합형 비례대표제의 강화, 지역을 대표하는 상원제도의 도입, 정부조직 내에 사회복지 예산편성 권한을 갖는 사회부총리 제도 도입, 의회주의에 기초한 합의형 민주주의 제도 등을 대안으로 제시하고 있다.

독자들은 이 책과 함께 발간되는『한국의 불평등 2016』을 통해서 한국 사회 불평등 문제를 좀 더 입체적으로 이해하는데 도움을 받을 수 있을 것으로 기대한다. 이 책은 한국 사회 불평등의 과거와 현재를 좀 더 알기 쉽게 설명하기 위해 통계자료를 중심으로 소득, 자산, 교육, 지역 등 4개 분야로 나누어 불평등의 실태와 원인을 드러내고, 제도와 정책, 그리고 정치의 시각에서 불평등 문제를 입체적으로 조명하고자 했다.

이 두 권의 책은 한신대학교의 SSK(Social Science Korea) 다중격차 연구단이 지난 2011년 9월부터 한국의 불평등을 연구해 온 결과물이다. 지금도 SSK 연구단의 모든 연구진들이 한국 사회의 불평등과 격차 심화의 문제에 대해서 많은 고민과 토론을 계속하고 있고 한국 사회에 의미 있는 대안을 제시하고자 노력하고 있다. 이 책을 출간하기 위해 SSK의 공동연구원들이 한마음으로 작업하면서 많은 즐거움과 희열을 느꼈다. 연구책임자로서 모두에게 감사드리며, 특히 전임연구원인 황규성, 강병익 연구교수와 데이터 작업을 성실하게 지원해준 오선영 연구원, 원고 교정작업을 해준 정준화, 전은지 연구원에게 연구책임자로서 특별한 감사를 드린다. 그리고 출판제의를 흥쾌히 받아준 페이퍼로드 최용범 대표와 근사한 책을 만들어 준 편집진에게도 고마운 마음을 전한다. 많이 부족하지만, 이 책이 한국사회의 불평등에 관심이 있는 사람들에게 의미 있는 자료로 활용될 수 있기를 기대한다. 나아가 더 좋은 세상을 만드는 데 작은 돌멩이 하나 얹을 수 있지는 않을까 하는 소박한 기대도 가져본다.

2016년 6월

필자들을 대신해서 전병유·신진욱

제1장

다중격차: 한국사회 불평등을 심문하다

1. 왜 다중격차인가

"주인 아주머니께…… 죄송합니다. 마지막 집세와 공과금입니다. 정말 죄송합니다."

2014년 2월, 서울시 송파구에 살고 있었던 세 모녀가 번개탄을 피워 자살하면서 남긴 마지막 말이다. 세 모녀는 월세 방에서 그렇게 세상과 작별했다. 어머니의 식당일과 작은 딸의 아르바이트가 세 모녀의 수입원 전부였다. 그것만으로 만성질환을 앓고 있던 큰 딸의 병원비와 가족의 생활비를 감당하기에는 불가능했다. 세 모녀는 노동시장 취약계층이었고 저소득층이었으며 주거도 변변치 못했고 건강 악화에 시달리고 있었다. 이들은 소득, 주거, 건강 등 여러 측면에서 복합적인 취약계층이었다.

불평등이 문제는 문제다. 특히 1990년대 중후반부터 우리 사회의 불평등은 심각한 수준으로 치닫고 있다. 그런데 최근 약 20여 년 동안 한국의 불평등이 보이는 특징 중 하나는 소득, 자산, 주거, 교육, 문화, 건강 등 불평등의 여러 차원들이 소 닭 보듯 하지 않고 서로서로 엉겨 붙고 있다는 것이다. 소득격차가 커지고 소득격차는 자산의 불평등으로 연결된다. 소득과 자산의 불평등은 다시 수도권과 비수도권, 서울에서도 강남과 강북으로 나뉘는 주거공간의 분리와 자가 소유, 전세, 월세 등 주거형태 불평등의 심화로 이어진다. 소득, 자산, 주거의 격차는 다시 교육 불평등에 영향을 주고 출신대학은 또 다시 소득격차로 연결된다. 이제 불평등의 여러 영역은 매듭이 없는 사슬처럼 완성체가 되어가는 것 같다.

불평등의 중첩이 완전히 새로운 현상은 아니다. 문제는 불평등의 중첩이 다양한 차원의 불평등이 가볍게 넘길 수 있는 우연히 마주친 결과가 아니라, 하나의 단단하고 체계적인 현상으로 굳어져 동맥경화에 이르고 있다는 점이다. 다차원적 불평등이 체계적인 현상이라면 한국 사회의 불평등은 과거와는 질적으로 구별되는 특징을 새롭게 잉태하고 있음을 뜻한다.

불평등의 체계적 중첩은 지난 20년 동안 밤안개처럼 다가와 어느새 우리사회의 밑바닥에 짙게 깔려 있다. 민초들은 이 밤안개 속에서 매일매일 가쁜 숨을 쉬고 있는데, 정치인과 학자는 밤안개를 찍어낼 사진기조차 만들지 못한 것은 아닐까? 어쩌면 밤안개를 눈치채지 못하고 있거나, 알더라도 어렴풋하거나, 혹은 애써 눈을 감고 외면하고 있는지도 모른다.

불평등의 중첩이 우리 사회의 불평등 구조 안에 자리 잡은 체계적 현상이라면 새로운 질문을 던져보아야 한다. '어떤 불평등이 어떤 배경에서 어떤 이유로 얼마만큼 커졌고 앞으로 어떻게 해야 하는가'라는 틀에 박힌 질문으로는 부족하다. 우리는 '불평등의 각 영역들이 어떤 배경에서 얼마만큼 중첩되고 있으며 이를 어떻게 포착해야 하며, 이에 대해 어떻게 대응해야 하는가'라는 질문을 던져야 한다. 심장, 폐, 간을 따로 따로 진단하는 것도 필요하지만 전반적인 건강 상태를 파악하기 위해서는 각 장기에 두루 걸쳐 있는 혈액순환을 점검할 필요가 있다. 이는 개별 불평등의 독립성 자체를 부인하는 것이 아니라 독립성을 기반으로 새로운 불평등 구조가 나타나고 있음에 주목할 필요가 있다는 것이다. 1장에서는 세 모녀 사건의 배후에 있는 불평등의 체계적 중첩을 다중격차라는 개념으로 심문하고자 한다.

2. 다중격차란 무엇인가?

개념 규정

다차원적 불평등은 〈표 1.1〉과 같이 두 가지 형태로 구별할 수 있다. 하나는 불평등이 여러 차원에 걸쳐 단순히 함께 존재하는 것이고 다른 하나는 여러 차원의 불평등이 서로 촘촘하게 이어져 구조 또는 체계 수준으로 견고해진 것이다. 전자를 불평등의 다차원적 병존, 후자를 다차원적 불평등의 체계화로 지칭하고자 한다. 불평등이 단지 다차원적으로 병존하는 경우 불평등의 개별 영역은 서로의 '바깥에' 있다. 이때 다차원적 불평등은 개별 불평등의 파생물에 불과하다. 반면 다차원적 불평등이 체계화되면 한 영역의 불평등이 다른 영역의 불평등의 구성요소가 된다. 이 경우 다차원적 불평등은 개별 불평등의 파생물이 아니라 그 자체로 독자적인 구조를 갖춘다. 다중격차(multiple disparities)는 다차원적 불평등이 체계화된 것이다.

〈**표 1.1**〉 다차원적 불평등의 두 가지 형태

	불평등의 다차원적 병존	다차원적 불평등의 체계화 (다중격차)
개별 불평등 범주의 관계	외재적	내재적
다차원적 불평등의 형태	개별 불평등의 파생물	독자적인 구조

다중격차란 다양한 불평등 영역이 지속적인 상호작용을 통해 서로가 서로를 강화시켜 개별 불평등의 작동방식과는 다른 독립적인 내적 작동방식을 갖춘 불평등의 특수한 형태다. 이런 개념규정은 다음과 같은 요소를 갖는다. 첫째, 다중격차는 다양한 불평등의 범주들로 이루어진다. 소득·자산·주거·교육·문화·건강 등 불평등의 다양한 영역들은 다중격차를 구성하는 부분요소들이다. 둘째, 다중격차는 다양한 불평등 범주들 사이의 지속적인 상호작용을 전제한다. 다중격차는 단일 범주에서의 불평등이나 이 범주들이 단지 병렬적으로 함께 존재하는 것을 넘어, 범주들 사이의 상호작용이 지속적으로 이루어질 때 성립한다. 불평등 범주들 사이의 만남이 일회성 조우에 그친다면 다중격차가 아니다. 셋째, 범주들의 상호작용을 통해 다중격차는 자체적으로 하나의 독자적인 형태를 갖춘다. 따라서 다중격차는

각 범주들을 모태로 삼지만 각 범주들과는 구별되는 독립적인 자체 구조를 갖추게 된다(황규성, 2016).

다중격차의 풍경화

〈그림 1.1〉에서 다중격차의 위치를 확인해보자. 먼저 다중격차의 환경은 마을과 마당으로 구성된다. 다중격차의 맨 바깥에 위치한 마을은 정치, 경제, 사회, 문화 등 불평등과 관련된 모든 요소들을 포괄한다. 정치구조, 정당정치, 민주주의 등 정치적 요소에 더해 자본주의와 축적구조 같은 경제적 요소, 계급과 계층구조, 그리고 문화 등 모든 요소들이 마을에 포함된다.

〈그림 1.1〉 다중격차의 풍경화

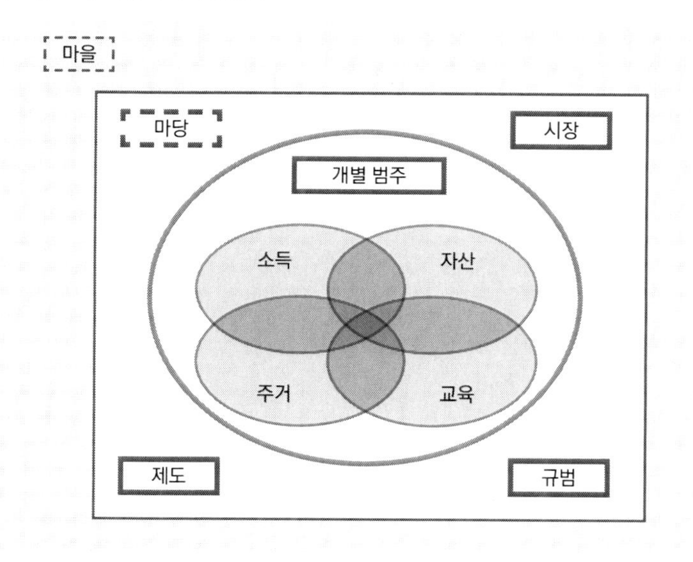

마을의 안쪽에는 마당이 있다. 마당은 개별 불평등 범주가 위치하는 터전의 집합체로서 시장, 제도, 규범으로 이루어진다. 마당에서 문을 열고 안으로 들어가면 소득, 자산, 주거, 교육과 같은 개별 불평등 영역과 마주한다. 개별 불평등 범주들은 마당의 각 요소들과 주거래 관계가 있지만 반드시 1:1의 단선적인 관계는 아니다. 예를 들어 부동산 시장에서 주택가격의 변동은 자산소득 불평등, 자산 불평등, 주거불평등에 고루 영향을 미칠 수 있다.

다중격차는 소득, 자산, 주거, 교육과 같은 개별 불평등 범주들이 중첩되는 곳에 있다. 중복되지 않고 독립성을 유지하는 영역은 다중격차의 범위에 포함되지 않는다. 범주들이 겹치는 네잎 클로버 모양이 다중격차의 공간적 범위이고 네 범주가 한꺼번에 중첩되는 다이아몬드 모양의 영역에는 다중격차가 압축되어 있다.

다중격차의 형성

1990년대 중후반 이후, 특히 2000년대에 들어 마을과 마당의 풍경은 급격하게 변화했다. 먼저 정치적 측면에서, 1987년은 민주화의 분기점이었지만 그 이후 민주주의는 결함 민주주의(defective democracy)의 특징을 보여주었다. 1987년부터 선거에 의한 집권이라는 형식적 의미의 민주주의는 이루어졌지만 이후의 정부는 1990년대 중후반 이후 심각해진 불평등 문제에 성공적으로 대응하지 못했다.

경제적 측면에서는, 열매가 공유되는 성장(shared growth)이 벽에

부딪혔다. 경제력은 대기업으로 집중되었고 낙수효과는 약해졌다. 파이프에 녹이 잔뜩 끼게 되니 보일러를 돌려도 온수가 도는 데만 따뜻하다. 시장은 근본적으로 재편되었다. 흔히들 "신자유주의"라고 부르는 시장(근본)주의적 개혁들, 예컨대 규제완화, 금융 자유화, 노동시장의 유연화 등이 이때부터 본격적으로 전개되었다.

삶 자체가 불안하고 고단하니까 있는 자는 알량하게나마 갖고 있는 자기 것을 지키고 불리려고 부단히 애를 쓴다. 재테크는 일상이 되었다. "부자 되세요"라는 광고 문구는 덕담을 넘어 소유 집착적 개인주의(possessive individualism)[1]를 부추겼다. 한국인은 시장인간으로 거듭 태어나고 있다(최현, 2011).

마을과 마당의 변화는 불평등 심화의 원인을 밝히고자 할 때 단골로 등장하는 요인들로서 개별 불평등의 확산에 영향을 미쳐왔음은 두말할 필요가 없다. 그러나 이것이 다중격차로 직결되는 것은 아니다. 불평등의 각 범주들은 서로 밀착하려는 성향이 있지만 마을과 마당은 범주들의 상호중첩을 억제하는 사회적 통제기제를 동시에 가지고 있기 때문이다. 가격경쟁 중심의 수출주도형 성장을 위해 강행된 전반적 저임금 정책, 물가관리를 위해 동원되었던 금융규제, 토지 공개념 제도, 쿠데타로 집권한 신군부가 점수 따기 위해 단행한 과외금지 등은 당초의 의도가 무엇이었든 간에 불평등의 중첩을 방어하는 기능을 행사했다. 일부의 부동산 투기에도 불구하고 차곡차곡 봉급을 모아 내 집을 마련하던 소박한 행태들도 희망을 품고 불평등을 감내하는 원동력이었다.

1 어느 캐나다의 정치사상가는 소유를 최우선에 놓는 자본주의 가치체계를 소유 집착적 개인주의라고 꼬집은 바 있다(Macpherson, 1962).

그러나 1990년대 말 경제위기를 거치면서 나타난 시장근본주의는 불평등을 제어하는 기제들을 동시다발적으로 풀어놓았다. 전반적으로 낮았던 임금은 산업부문과 기업규모별로 격차가 커졌다. 금융산업의 발전과 금융자유화를 명목으로 돈이 풀려나갔다. 과외는 서서히 허용되다가 2000년 헌법재판소 판결로 전면적으로 합법화되었다. 토지 공개념도 역사의 뒤안길로 사라졌다. 이에 최장집(2010: 27)은 "민주화 이후 한국사회는 기득구조와 시장체제의 불평등 구조를 제어할 국가의 민주적 역할을 발전시키지 못한 채 기존의 규제장치를 하나씩 하나씩 제거해 버렸다"고 지적한다.

마을과 마당의 지형이 바뀌면서 범주 간 밀착을 억제하는 차단막이 헐거워지는 바로 그곳에서 서로 독립적이었던 범주들이 어깨동무를 하게 되었다. 봉급을 모아 내 집을 마련했던, 단순하고 소박했던 소득-자산의 관계는 사라지고 주택이 자산 형성의 수단으로 보편화되면서 조금이라도 소득이 있으면 너도나도 주택구입에 나섰다. 주택금융의 활성화는 소득과 주거불평등을 결합시키는 매개가 되었다. 강북지역의 소위 명문 고등학교들은 대거 강남으로 옮겨갔고 소위 8학군은 강남지역의 주택가격 상승에 불을 붙였다. 소득, 자산, 교육에 걸쳐 불평등의 중첩을 억제하던 기제들은 하나둘 허물어져갔다.

물론, 제도와 정책이 불평등에 손을 놓고 있었던 것만은 아니다. 노동조합은 산별노조를 만들려 했고 사회정책이 괄목할 만하게 발전해온 것도 부인하기 어렵다. 그러나 이런 노력들은 불평등을 통제하던 장치들이 허물어져간 것에 비하면 미미했다.

3. 다중격차 현상: 소득-교육 다중격차의 예

소득-교육 다중격차의 실태

소득-교육 다중격차를 사례로 다중격차의 실태를 들여다보자. 소득은 임금소득, 사업소득, 자산소득, 이전소득으로 구별되지만 편의상 임금소득으로 한정한다. 임금소득 불평등은 노동시장(실업, 고용형태), 제도(최저임금, 단체협약), 행위규범(비정규직에 대한 노동조합의 태도 등), 사업장 특성(기업규모, 산업), 개인 특성(인적자본 수준, 숙련도)으로부터 영향을 받는다. 노동시장의 유연화, 성과임금제도의 확산 등은 임금소득 불평등을 확대시키는 경향이 있지만, 노동조합의 존재나 제도적 제약은 불평등을 축소시킬 수 있는 힘으로 작용한다.

교육불평등을 대학진학에 결정적인 영향을 미치는 수능성적을 기준으로 보자. 수능성적에 영향을 미치는 요인에는 입시제도, 학부모와 학생의 행위, 개인특성 등이 있으나 뭐니 뭐니 해도 교육불평등은 학생이 갖춘 지적 능력의 함수다.

과외가 금지되었던 시절에는 임금소득과 교육을 잇는 통로가 그리 넓지 않았다. 물론, 돈이 없어 자식을 대학에 보내지 못하는 집이 많았지만 전반적으로 대학진학률이 높지 않았다. 대학 진학 이외에도 먹고 살 길이 열려 있었으니 그 자체가 불평등을 관리하는 역할을 했다. 그러나 과외금지 조치는 1980년대 중반부터 서서히 풀려나가더니 2000년 4월 27일 헌법재판소의 위헌판결로 법적으로 종지부를 찍었다. 이는 대학진학률이 급격히 높아지는 시기와 맞물린다. 이때부터 소득-교육 불평등은 밀착되었고, 이제 수능성적은 더 이상 학생

〈**그림 1.2**〉 소득-교육 다중격차(2015)

(단위: 만원)

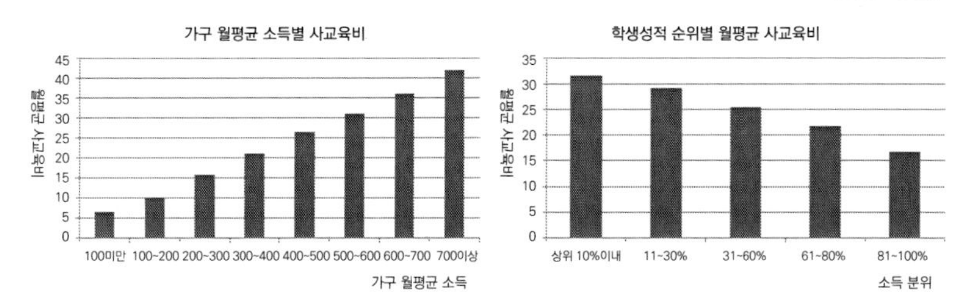

자료: 통계청, 초·중·고 사교육비 조사

이 가진 지적 능력만의 함수로 보기 어려워졌다.

통계청의 초·중·고 사교육비 조사의 결과를 〈그림 1.2〉에서 확인해 보면, 2015년 기준으로 월평균 소득이 높을수록 사교육비 지출이 일관되게 증가함을 알 수 있다. 월평균 가구소득이 100만 원 이하인 경우 6.6만 원, 700만 원 이상인 경우 42만 원을 지출한 것으로 나타났다. 학생 성적 순위별 사교육비 역시 성적이 상위일수록 사교육비 지출이 높다는 것을 명확하게 드러낸다.[2] 명문대에 진학하기 위해서는 할아버지의 재력, 엄마의 정보력, 파출부의 헌신, 아빠의 무관심이 필요하다는 우스갯소리에는 진실이 담겨 있다. 수능성적에 덧붙여 내신성적을 보더라도 내신 사교육이 있는 한 사정은 달라지지 않는다.

학생의 학업성취도에 따라 진학하는 대학이 달라지고, 출신대학에 따라 취업하는 직장이 달라지며, 이는 다시 임금소득의 불평등으로

2 필자가 대학 강의실에서 이 지표를 보여주자 학생들의 반응은 냉담했다. "사교육비 지출이 그것밖에 안 되느냐"는 것이었다. 분자를 전체 학생 수로 한 것이라고 설명해도 현실과는 너무 동떨어져 있다는 반응이었다. 성적 순위별 사교육비에 대해서는 대체로 수긍하는 분위기였다.

고스란히 연결된다. 때마침 노동시장에서는 유연화 바람이 불고 있어서 임금소득 불평등에 영향을 미치는 여러 요인들 가운데 사업장의 특성이나 개인의 특성이 차지하는 비중이 높아지고 있었다. 〈표 1.2〉를 통해 학력별 월평균 임금을 살펴보면, 학력수준이 높아짐에 따라 체계적으로 임금이 높아지고 있음을 알 수 있다. 이렇게 상대적으로 독립적이었던 임금소득 불평등과 교육 불평등은 서로 가까워졌다.

〈표 1.2〉 임금근로자의 학력별 월평균 임금(2015년 3월)

	초졸 이하	중졸	고졸	초대졸	대졸	대학원 졸	전체
정규직 임금	148.1	179.7	229.0	246.7	325.4	444.7	271.3
비정규직 임금	83.9	116.3	135.7	176.7	197.5	257.1	146.7
전체 임금근로자	105.5	147.0	195.6	229.6	298.9	406.4	231.4

자료: 통계청, 경제활동인구조사.

다중격차의 특징

소득-교육 다중격차의 실태를 통해 다중격차의 다섯 가지 특징을 도출할 수 있다. 첫째, 다중격차는 불평등 범주의 상호작용에서 도출된다. 소득-교육 다중격차에서 과외금지는 범주 간 상호침투를 억제하는 역할을 했다. 그러나 과외금지라는 차단막이 걷히고 소득과 교육이 서로를 넘나들며 맞물려가는 과정에서 소득-교육 사이의 다중격차가 생겨났다.

둘째, 다중격차는 다양한 불평등 범주와는 구별되는 고유한 문법을 가진다. 소득, 자산, 주거, 교육 등 다중격차를 이루는 각 범주들에는 고유한 작동방식이 있다. 다중격차는 각 범주가 가진 문법과는 다른 작동방식을 자체적으로 만들어낸다. 교육 불평등은 학생이 가진 지적 능력의 함수이지만, 다중격차의 영역에는 가구소득이 독립변수로 포함되었다. 소득과 교육 사이의 독립성이 헐거워지면서 외부에 있었던 개별 불평등의 문법이 다중격차의 문법에 녹아들어 독자적인 문법을 갖추게 되는 것이다.

셋째, 다중격차는 구조화되는 경향이 있다. 구조화란 다중격차가 해체하기 어려운 단단한 짜임새로 견고하게 굳어지는 것을 의미한다. 다차원적으로 병존하는 불평등은 이익구조의 변경, 기회구조의 재편, 수확체증의 실현을 거쳐 견고해진다. 사교육 열풍 이전에는 정규 학교 수업에 충실하게 임하는 것이 학생의 이익을 극대화하는 방법이었다. 그러나 사교육은 기존에 유지되던 이익구조의 변경을 초래했다. 학교 수업을 열심히 듣는 편보다는 점수를 따는 방법을 효율적으로 알려주는 사교육을 찾는 편이 더 낫다. 매년 찬바람 불면 듣게 되는 '정규 수업을 충실하게 이행하면 쉽게 풀 수 있는 문제'라는 오래된 거짓말은 이제 '사교육을 잘 받으면'으로 고쳐져야 한다. 사교육을 받기 위해 필요한 소득의 격차로 인해, 학업성취를 위한 기회구조는 있는 집 자식과 없는 집 자식에게 더 이상 공평하지 않다. 불균등하게 재편되는 기회구조 속에서 사교육을 하지 않는 것보다 사교육을 받는 편이 현실적이라면, 학부모는 빚을 내서라도 학원에 보낸다. 이것이 다중격차가 수확체증을 실현하는 방식이다.

넷째, 다중격차는 재생산된다. 다중격차가 일단 구조화되면 고정된 상태로 머무는 것이 아니라 문법의 시공간적 확장을 통해 재생산 단계로 넘어간다. 공간적 확장은 수평적 범위를 넓히는 것을, 시간적 확장은 세대에 걸쳐 수직적으로 넓히는 것을 의미한다. 교육 불평등이 학생의 지적 능력과 가구소득에 달려 있는데, 후자가 차지하는 영향력이 커지면 그만큼 개별 불평등의 공간에 다중격차의 문법이 스며들기 시작한다. 다중격차가 구조화와 공간적 확장을 거친 이후 자신을 실현하는 방식은 바로 세대에 걸친 재출현이다. 부모의 재력으로 양질의 사교육을 받아 수능성적이 좋다면 그것 자체로 세대 간 1차 재생산이 이루어지고, 학생이 명문대를 나와 좋은 일자리를 얻고 고소득자가 되어 자식에게 사교육을 시킨다면 2차 재생산이 이루어진다. 사회경제적 지위의 재생산에 관한 많은 연구결과는 다중격차의 시간적 확장을 드러내준다(장수명·한치록, 2011; 여유진 외, 2015). 현재 한국에는 개천에서 용이 나지 않는 것은 고사하고 그 많던 이무기도 보이지 않는다. 물이 아예 말라버린 개천도 수두룩하다.

마지막으로, 다중격차는 환원불가능성을 낳는다. 환원불가능성이란 다중격차가 가지는 고유한 문법으로 인해 다중격차를 낳은 각 범주들의 문법이나 각 문법의 합계로 환원되지 않는 복잡한 구조를 띠고 있다는 것을 뜻한다. 다중격차는 마당과 불평등의 개별 범주나 마당을 모태로 태어났지만 다중격차의 새로운 작동방식은 마당과 개별 범주의 요소로 분해되지 않는다. 다중격차의 환원불가능성은 다중격차가 발생하기 이전으로 되돌릴 수 없다는 의미가 아니라 되돌리는 과정에서 또 다른 복잡한 문제를 야기하기 때문에 시계태엽 되돌리듯 기계적으로 단순한 해법을 찾기 어렵다는 것을 의미한다. 사교육이 교육 불평등을 야기하는 주요 원인이라면 이를 금지시키면 될 테지만(위헌 논쟁은 차치하더라도) 그럴 경우 사교육 종사자의 실업으로 이어질 것이고 이는 소득불평등을 낳을 것이다.

자산소득 불평등과 주거 불평등이 걸쳐 있는 주택 소유관계에서도 다중격차 현상이 나타난다. 고금리 시대에서 저금리 시대로 접어들면서 자산운용 소득을 기대하기 어렵게 된 집주인들이 전세를 월세로 전환하면서 외재적이었던 소득-주거 불평등이 내부화되는 과정에서도 다중격차 현상은 출현한다(황규성, 2016).

4. 한국의 불평등: 배제적 다중격차 시대로

불평등은 세상 어디에나 있다. 기회균등과 결과의 평등을 완벽하게 실현하는 사회는 없다. 하지만 압축적 산업화 시기의 불평등과 최근 20여 년의 불평등을 비교해보면 한국만큼 불평등의 성격이 짧은 시일 내에 급격하게 바뀐 사례도 흔하지 않을 것이다.

불평등이 단순한 형태를 취했던 과거에는 불평등이 관리되는 독특한 방식이 있었다. 한국의 발전주의는 전반적인 절대빈곤으로부터의 탈피를 지상과제로 삼고 이른바 성장의 공유와 낙수효과를 통해 "엘리베이터 효과"(Beck, 1986)를 실현했다. 승강기에 올라탈 초청장은 다수에게 열려 있었다. 불평등이 엄연히 존재하고 심지어 심화되더라도 전반적인 생활수준의 향상으로 대다수는 불평등을 감내했다. 압축성장 시기에는 다수에게 열려 있었던 생활수준 향상의 기회가 불평등 관리 방식으로 작동한 것이다.

개발모델의 시효가 만료된 이후 불평등이 관리되는 과거의 방식은 효력을 잃었다. 고성장에서 저성장시대로 접어들었을 뿐 아니라 성장의 과실도 골고루 퍼지는 것이 아니라 일부에게 편중된다. 승강기 효과는 사라지고 "버킷 엘리베이터 효과"(Butterwegge, 2009: 141)가 나타나고 있다. 다 함께 올라탄 승강기가 버킷 엘리베이터로 대체되면서 지위의 상승을 경험하는 사람과 하락을 경험하는 사람이 같은 시간과 같은 공간에서 숨을 쉬고 있다(황규성, 2012). 소득, 자산, 주거, 교육면에서 중첩된 약자들은 버킷 엘리베이터를 타고 내려가면서 반대편에서 올라가는 사람을 맥없이 바라본다.

다중격차 시대에 안정적 삶으로의 초대장은 골고루 뿌려지지 않고 선별된다. 가정의 소득과 자산 → 사교육 → 대학진학 → 노동시장 → 소득의 연결고리 중 어느 하나에서 이탈되면 좀처럼 다시 끼어들기 어렵다. 각 변곡점마다 승자와 패자가 갈리고, 승자는 가치를 생산하는 자원을 독점하는 기회축장(opportunity hoarding, Tilly 1998)을 할 수 있는 반면 패자는 기회조차 박탈당한다. 불평등의 중첩이 체계화된다는 것은 일단 어느 한 영역에서 낙오하게 되면 다른 영역에서조차 다시 회복하기 어렵게 된다는 것을 뜻한다. 다중격차 시대의 불평등은 이런 의미에서 배제적이다.

다중격차의 배제성은 성과주의(meritocracy)를 크게 훼손하고 있다. 한국은 성과주의 전통이 꽤 강한 편에 속한다. 하지만 다중격차의 배제성은 사회적 이동성에 빨간 불을 켰다. 한국은 귀속지위보다는 성취지위가 우세한 사회였지만 이제 성취지위보다는 귀속지위가 우세한 닫힌 세상으로 달려가고 있는지 모른다. 이른바 세습자본주의라는 말은 우리사회에서도 틀린 말은 아닌 것 같다.

배제적 다중격차 시기로 접어들면서 과거와는 다른 불평등 관리체계가 등장했다. 개별적 생존투쟁이 그것이다. 한국의 낙타는 바늘구

명 뚫기의 역사적 사명을 띠고 태어났다. 다중격차의 배제성은 대다수 행위자들을 개별적 생존투쟁의 장으로 몰아넣는다. 다중격차 시대의 개별적 생존투쟁은 열린 불평등 체제의 낙수효과에 상응하는 기능적 등가물로서 불평등을 관리하는 방식으로 작용한다. 개별적 생존투쟁 문화가 고장 난 불평등 제어장치를 대신하고 있는 것이다.

몇몇 청년운동의 사례를 제외하고는 불평등을 전면적으로 문제 삼는 움직임이 뚜렷하게 확산되지 않는 것을 보면, 개별적 생존투쟁으로 다중격차를 감추는 방식은 투쟁의 결과를 자신의 탓으로 돌리는 데 성공을 거두고 있는 것처럼 보인다. 〈비정상회담〉이라는 TV 프로그램에 나온 벨기에 청년 줄리안은 "서양에서는 내가 행복하지 않으면 나라 탓을 하지만 아시아는 자기 탓을 한다."고 말한 바 있다. 하지만 이것도 한계가 있을 것이다. 다중격차는 불평등에 관한 대다수 사람들의 인내심을 시험에 들게 하고 있다. "터널효과"(Hirschman, 1973)가 있다면 이제 터널 안에 차들이 모여드는 단계에 들어섰다. 불평등 이슈는 휘발성이 강해 작은 성냥개비 하나로 폭발할 수 있다. 낙타들에게 바늘구멍을 열심히 뚫으라고 채찍질할 것이 아니라 바늘구멍 자체를 넓혀야 한다. 죄송해해야 하는 건 세 모녀가 아니라 한국의 불평등 구조다.

제2장

한국의 불평등 현황과 다중격차

이 장에서는 한국의 불평등 현황을 소득, 자산, 소비 등을 중심으로 검토한다. 한국은 1990년대 이래 불평등이 지속적으로 확대되고 있지만, 2008년 글로벌 금융위기 이후 높아진 불평등 수준에서 정체되고 있다. 한국의 불평등은 단순히 그 수준의 문제뿐만 아니라 다차원적이고 구조적인 성격을 띤다. 따라서 소득 지표만으로 한국 사회 불평등의 구조적 성격을 전체적으로 파악하는 데는 무리가 따른다. 소득은 경제적 생활에서 매우 중요한 지표이자 소비의 원천이고, 자산 축적의 기회를 제공하며 교육과 주거의 근거이다. 따라서 소득을 중심으로 일차적으로 불평등 구조를 파악하는 것은 당연하고 필요하다. 다만, 이 장에서는 소득뿐만 아니라 소득과 소비 등의 불평등 현황을 함께 볼 것이며, 소득-자산-소비의 결합 분포와 상호작용을 고려하여 불평등의 다중적 성격을 같이 검토해보기로 한다.

1. 가계소득 불평등 추이

한 사회의 불평등을 파악하고자 할 때, 일반적으로 먼저 주목하는 것이 소득 불평등이다. 경제협력개발기구(OECD, 2011a)에 따르면, 소득과 자산은 개인의 경제적 후생 수준을 나타내는 핵심적인 요소이다. 특히 소득은 개인이나 가계가 시간의 흐름에 따라 수취하게 되는 경제적 자원의 흐름으로, 소득은 소비를 가능하게 하고 자산 축적의 기회를 제공한다.

〈그림 2.1〉는 가계 소득을 지표로 하여, 1965년 이후 소득 불평등의 추이를 지니계수로 나타낸 것이다. 1960년대와 1970년대 자료가 불안정하기는 하지만, 한국의 소득 불평등은 1970년대 후반 크게 증가하였다가 1980년대 후반 이후 감소하는 추세를 보였으나, 1990년

〈그림 2.1〉 가구소득 지니계수 추이 (도시가구)

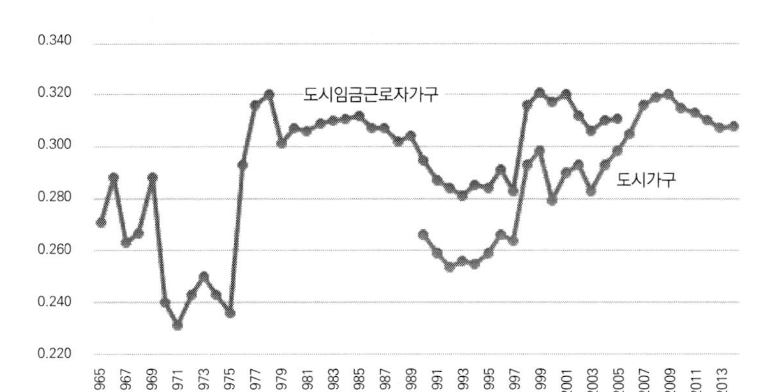

자료: 통계청, http://kosis.kr
* 1965-2004년 도시임금근로자 자료는 Kwack and Lee(2007)에서 인용

대 중반을 저점으로 하여 이후 다시 상승하는 추세를 나타내고 있다. 중요한 점은 2008년 이후 소득 불평등은 정체 또는 완화되는 모습을 나타내고 있다는 것이다. 경제발전 초기에는 불평등이 심화되지만 경제발전이 일정 수준을 넘어서면 불평등이 완화된다는 루이스의 가설은 1990년대 이후의 한국 경제에는 맞지 않는다. 한국 사회는 1990년대 중반 이후 불평등이 급격하게 심화되는 단계에 진입하였다.

2. 소득불평등 국제 비교

한국의 불평등 수준은 OECD국가들 중에서 중간 수준이다. 〈그림 3.2〉에서 볼 때, 2013년 한국의 가계소득 지니계수는 0.302로 OECD 평균인 0.316보다 약간 낮은 수준이며, OECD에 속한 34개 국가들 중에서는 17위로 중간 수준이다.

〈그림 2.2〉 OECD 및 신흥국가들의 소득 GINI계수 (2013년)

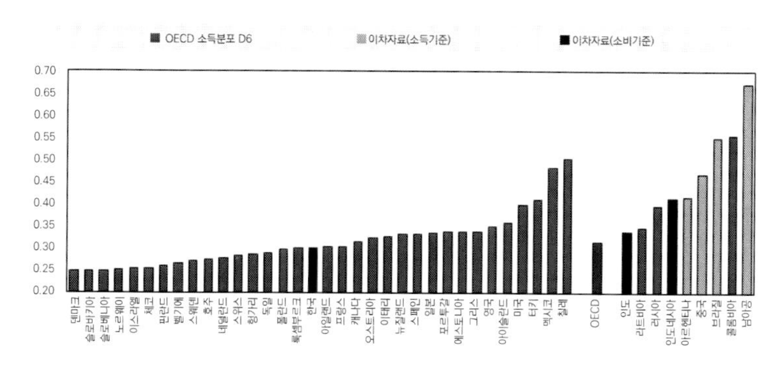

자료: OECD(2014)에서 재구성.

그러나 〈그림 2.3〉에서 볼 경우, 개인임금소득에서의 불평등 수준은 한국이 OECD국가들 중에서 가장 높은 수준을 나타내고 있다. 가계소득에서의 불평등 수준은 OECD국가들 중에서 중간 수준이지만, 개인임금소득의 경우에는 하위 10% 대비 상위 90%의 비율(D90/D10)이 4.78배로 미국의 4.89배 다음으로 가장 높다. 즉 가계소득에서의 불평등은 미국보다 많이 낮지만, 노동시장에서의 임금 불평등은 미국과 비슷하게 높은 수준이다. 이에 대해서는 몇 가지 원인을 찾아볼 수 있다. 우선 가계소득이 임금노동자의 근로소득과 자영업자의 사업소득, 그리고 재산소득으로 구성되어 있다는 점을 고려하면, 이는 사업소득이나 재산소득에서 한국의 불평등 수준이 낮기 때문으로 해석할 수 있다. 그러나 우리나라의 경우 가계소득에서 재산소득의 비중은 2-3%대로 매우 낮다는 점, 근로소득이 70% 이상으로 매

〈그림 2.3〉 개인임금소득과 가구소득의 불평등(2008년)

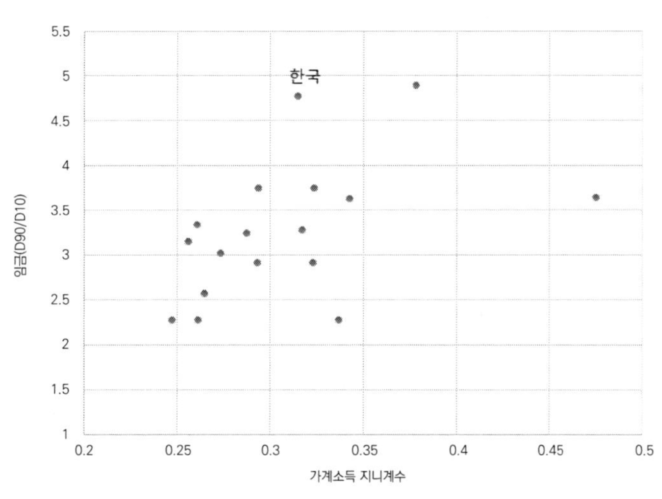

자료: OECD(2011b)에서 재작성.

우 높은 비중을 차지한다는 점, 사업소득의 불평등도 또한 매우 높다는 점을 고려하면, 가계소득의 구성 요소의 차이가 이러한 현상을 만들어낸다고 보기는 어렵다. 임금 불평등도가 높음에도 불구하고 가계소득에서의 불평등도가 낮은 것은 상대적으로 저소득 가계의 경제활동 참가율이 높은 한국의 특징에 기인하는 것으로 볼 수 있다. 즉, 한국의 경우 정부의 이전소득(복지)이 취약하기 때문에, 저소득가계는 시장소득 없이 가계 생활을 유지하기 어렵다. 따라서 저소득층의 가계 구성원들은 이전소득에 의존하기보다는 노동시장에 적극적으로 참여하여 시장소득을 높일 수밖에 없다.

3. 임금 불평등 추이

1990년대 이래 한국이 다른 어느 나라에 비해서도 임금 불평등의 심화 속도가 빨랐다는 사실을 〈그림 2.4〉에서 확인할 수 있다. 미국이나 영국 등의 경우 1980년대부터 임금 불평등이 지속적으로 확대되었지만, 한국의 경우 1990년대 초반까지 감소하다가 1990년대 중반 이후 임금 불평등이 급속히 확대되었다. 이 기간 중에 프랑스나 일본은 임금 불평등이 하락하거나 유지되었다.

따라서 한국에서 소득불평등 악화의 주된 동인은 노동시장에서의 근로소득(earning), 즉 임금 불평등의 심화에 있다고 할 수 있다. 1990년대 이후 한국의 노동시장에서 교육수준별, 규모별, 고용형태별 임금격차가 크게 확대된 것은 잘 알려진 사실이다.

이러한 임금 불평등 심화의 원인은 매우 다양하고 복합적이다. 기

〈**그림 2.4**〉 임금 불평등(D90/D10)의 추이 국제 비교

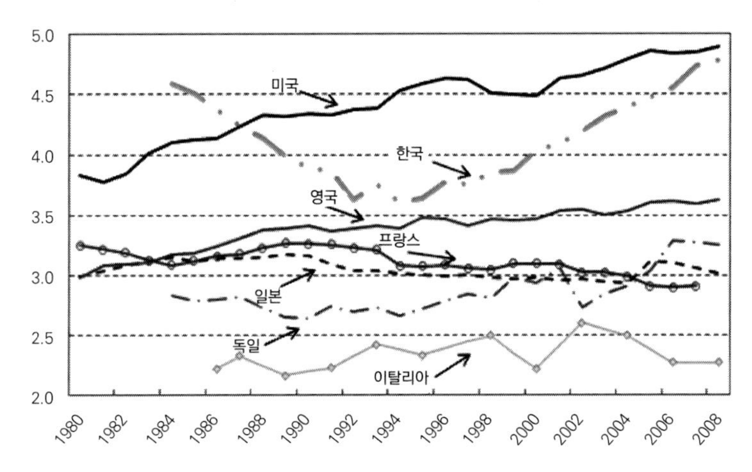

자료: OECD(2011b)에서 재작성.

존의 연구들은 1980년대 이후 불평등 심화의 원인으로 글로벌화, 기술변화, 그리고 노동시장에서의 제도 변화를 들고 있다. 무역의 확대나 정보통신기술의 발전과 같은 글로벌화나 기술변화, 노동조합의 약화와 최저임금의 정체 등 노동시장제도나 노사관계 등이 임금 불평등에 미치는 영향에 대해 국내외로 수많은 연구들이 이루어졌지만, OECD(2011b)에서는 무역보다는 기술변화가 임금 불평등에 더 큰 영향을 미친다는 결론을 내리고 있다. 다만, OECD국가들과 저숙련노동력이 풍부한 저개발국 사이의 교역 증가는 OECD국가의 임금 불평등을 초래하는 요인으로 작용할 수 있다고 보고 있다. 우리나라 역시 무역의존도가 대단히 빠르게 증가하였는데, 그 주된 원인은 저개발국(중국)과의 무역 증가였다. 무역의존도는 1980년대 초반 80% 수준에서 1993년 50%대로 저점을 기록한 이후 2010년 100%를 넘

어서고 있다. 교역 상대국도 선진국인 미국에서 개도국인 중국으로 빠르게 변화하였다. 이는 임금 불평등의 추이와 대단히 유사하다. 한국은 1990년대 중반 중국과의 교역 재개, OECD 가입, 1997년의 외환위기를 거치면서 전면적인 개방 경제로 전환하였다. 이러한 경제의 전면적인 개방이 노동시장 내의 불평등에 영향을 상대적으로 크게 미친 것으로 판단된다. 우리나라의 경우에는 정보통신기술의 빠른 확산과 같은 기술변화의 효과도 있겠지만, 전면적인 경제 개방이 제조업에서의 저임금 일자리 확산과 임금 불평등의 증가로 이어지면서 노동시장에서의 불평등을 강화하는 일차적인 요인으로 작용했다고 판단된다(전병유, 2012).

여기에 1997년 외환위기 이후 비정규직의 급증과, 정규직과 비정규직의 임금 차가 노동시장에서의 임금격차의 중요한 요인으로 작용했다는 점은 이미 많이 알려져 있는 사실이다. 더욱이 1990년대 이후 한국의 노동조합의 가입률이 정체되고 노동조합의 임금평등화 효과가 사라지면서, 노동시장에서 임금격차는 크게 확대된 것으로 판단된다. "노동시장이 매우 불안정하고 저임금 노동자들의 비율이 극단적으로 높은 이유는 최저임금과 같은 노동시장 제도들이 제대로 기능하지 못하기 때문이기도 하지만, 노동조합이 노동시장의 안정성을 높이고 노동자들 내부의 차이를 평준화하는 데 실패하고 있기 때문이다."(황덕순, 2011) 또한 "노동조합이 저임금을 완화하는 효과(노동조합의 연대 효과)는 1990년대에는 약하게 있었지만 2000년대 이후에는 이마저 사라졌다"(Hwang and Lee, 2011). 노동시장에서의 임금 불평등 심화는 중국과의 교역 확대 및 정보통신기술의 확산에 따른 노동시장 내 숙련 수요 격차에 의한 것이기도 하지만, 이러한 요인만으로 설명되지 않는 부분이 있다. 따라서 노동시장의 유연화에 따른 비정규직의 급증과 비정규직에 대한 차별의 심화, 노동조합 역량의 약화 등과 같은 제도의 영향이 크게 작용했다고 볼 수 있다.

4. 상위소득과 빈곤

불평등이 소득 분포의 상위에서 악화되었는지, 하위에서 악화되었는지에 따라서 정책적 시사점이 달라질 수 있다. 최근 피케티의 연구를 비롯한 국제적 연구 결과에 따르면, 소득 상위층의 소득점유율이 1970년대 이래 모든 국가들에서 크게 증가했다. 대부분의 OECD 국가에서 최근의 가구소득 불평등은 소득 하위층보다는 소득 상위층의 불평등 심화로 나타났다(OECD, 2011b). 그런데, 우리나라의 가구소득 지니계수는 OECD 평균 수준이지만 OECD국가들에 비해서 상대빈곤율이 더 높은 것으로 나타나고 있다. 즉, 우리나라의 공식적인 통계 자료를 가지고 분석해보면, 〈그림 2.5〉에서 보듯이 소득분포상의 하위 부문에서 불평등이 더 빠르게 심화한 것으로 나타나고 있다. 초고소득층의 문제보다는 빈곤의 문제가 더 심각해졌다는 것이다.

그러나 공식적인 조사 자료의 경우, 초고소득층이 조사 대상에 빠져 있거나 소득을 과소 보고하는 경향이 있을 수 있다. 실제로 국세청 자료에 기초한 최근의 연구들을 보면(김낙년, 2012; 홍민기, 2015), 한국에서 상위 10%와 상위 1%의 소득이 급증하고 있는 것으로 나타나고 있다.

우리나라의 상위 10%와 상위 1%의 소득점유율은 세계적으로도

〈**그림 2.5**〉 2인 이상 도시가구 소득의 십분위 배율 추이

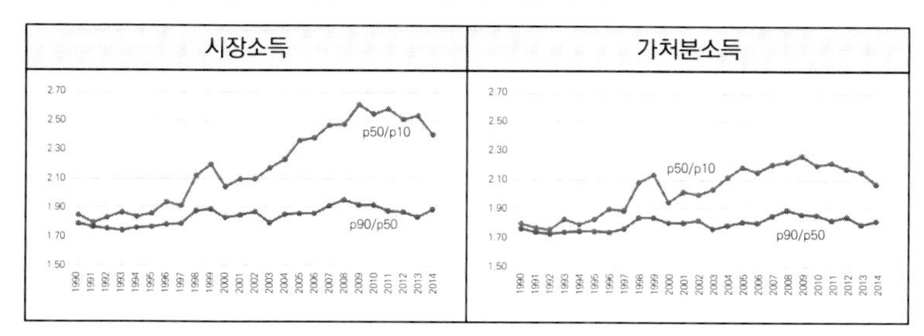

자료: 통계청. http://kosis.kr

〈**그림 2.6**〉 빈곤율 추이(시장소득 기준)

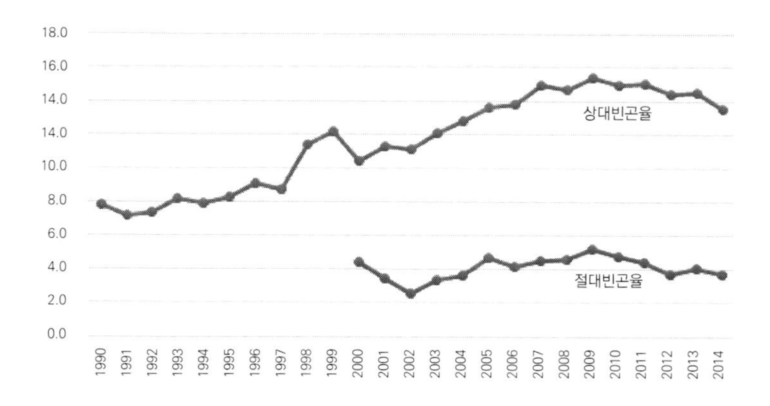

자료: 통계청, 가계동향조사,
주: 상대빈곤율은 중위소득 50% 이하를 의미하고, 절대빈곤율은 정부 발표 최저생계비 이하 계층을 의미함.

〈**그림 2.7**〉 상위 1%와 10%의 소득 점유율

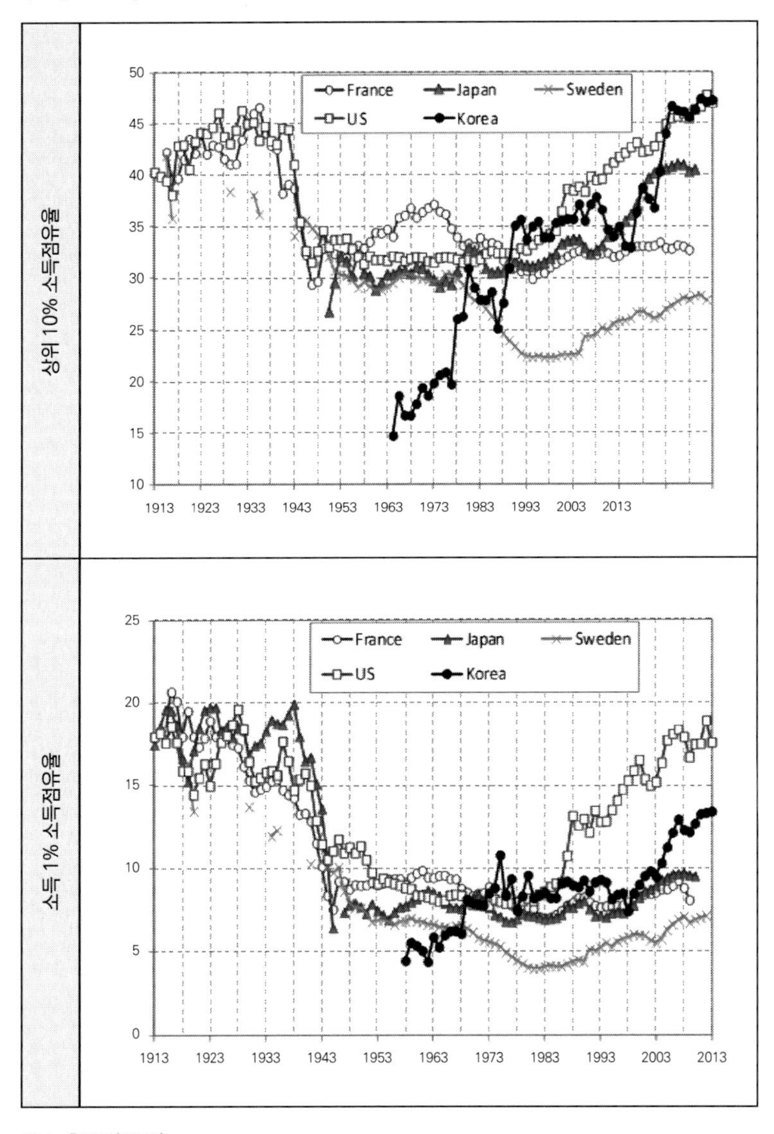

자료: 홍민기(2015)

가장 높은 수준인 미국에 근접하고 있다. 국세청 자료를 분석한 홍민기(2015)에 따르면, 상위 1% 소득의 비중은 2000년대 들어 크게 증가하여, 2013년 현재 13%대로 미국의 17%대에 비해서 약간 낮은 정도이다. 특히, 상위 10%의 소득점유율은 2000년대 중반 이후 급증하여 미국과 유사한 수준으로까지 상승하였다.

5. 자산 불평등

피케티(Piketty, 2014)에 따르면, 최상위소득은 자산 불평등과 밀접하게 관련이 있다. 피케티는 상위 10%에는 고액연봉과 같은 근로소득이 포함되어 있지만, 상위 1%의 소득은 대부분 자본소득이라고 분석하였다. 즉, 자본의 수익률이 경제성장률보다 높아 자본 소유자인 소득 최상위계층에게 부가 필연적으로 집중된다는 것이다.

이른바 피케티 비율이라고 불리는 소득 대비 순자산의 비중(β값)은 우리나라의 경우에도 2000년대 이후 빠르게 증가하고 있다. 〈그림 2.8〉에서 나타나듯이, 한국은행과 통계청이 작성한 국민대차대조표 자료를 분석하여 국민순소득(NNI) 대비 비금융 부문의 순자산 비율을 계산하면, 국민순소득 대비 비금융 순자산의 비중이 최근 들어 900%를 넘어 거의 1000%에 근접하고 있다. 이는 국제적으로도 매우 높은 수준으로 평가된다.

다만, 이 분석은 가계 단위에서 자산 자체에 대한 현황 조사도 매우 부족했고, 자산 불평등의 추이 자체도 신뢰할 만한 통계 수치를 확보하지 못하였다. 한신대 SSK 사업단이 펴낸『한국의 불평등 2016』

〈그림 2.8〉 소득(NNI) 대비 순자산 비중 추이

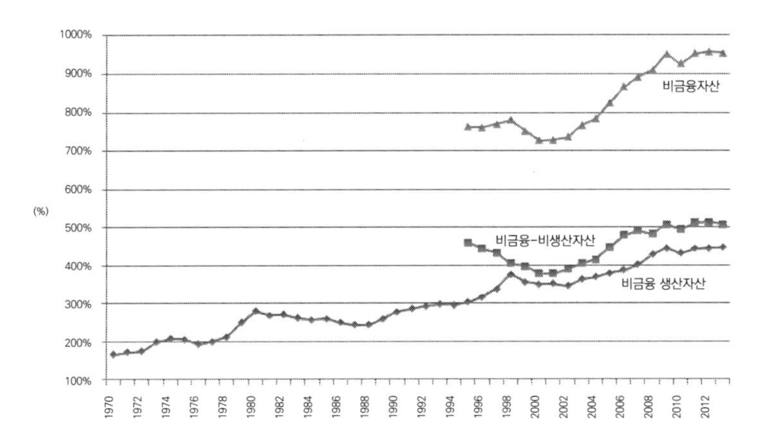

자료: 한국은행·통계청, 국민대차대조표
주: 생산자산은 설비자산, 건설자산, 지식재산생산물 등을 포함하고, 비생산자산은 토지자산, 지하자원, 입목자산 등을 포함한다.

에서 자산 불평등을 기존 연구와 조사 자료를 활용하여 정리한 것이 〈그림 2.9〉와 〈그림 2.10〉이다. 한국 자산 불평등의 전반적인 추세를 보면 외환위기를 거치면서 크게 증가하였고, 적어도 2005-2006년까지는 증가 추세를 유지하다가 그 이후 감소하는 것으로 파악되고 있다. 순자산의 지니계수는 1993년 0.571에서 1996년까지 0.570까지 변화가 거의 없다가 1997년 0.600, 1998년 0.665(『한국노동패널조사』에서는 0.671)로 급증한다. 이후 2006년 0.686으로 증가했다가 2013년 0.582로 감소하였다. 『재정패널』이나 『가계금융복지조사』 결과도 수준은 약간 높지만 추세는 유사하게 나타나고 있다. 총자산을 기준으로 해서 보거나, 총자산이 (-)인 가구의 비중, 상위 10%의 자산점유율, 중간값 대비 평균값 등의 지표로 보더라도 비슷한 추세가

〈그림 2.9〉 순자산 GINI 추이

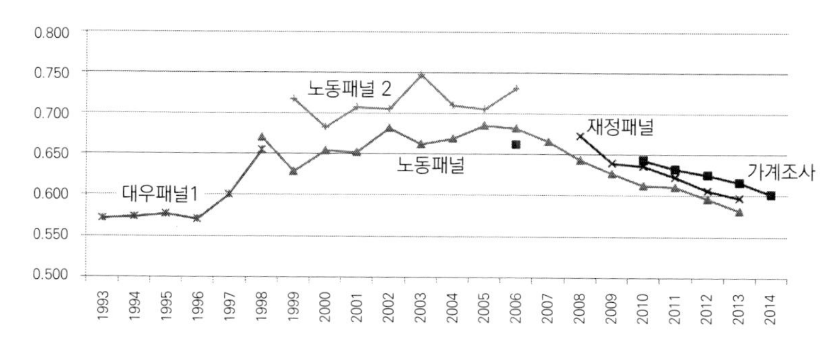

자료: 전병유 편(2016).

〈그림 2.10〉 순자산 상위 10% 점유율 추이

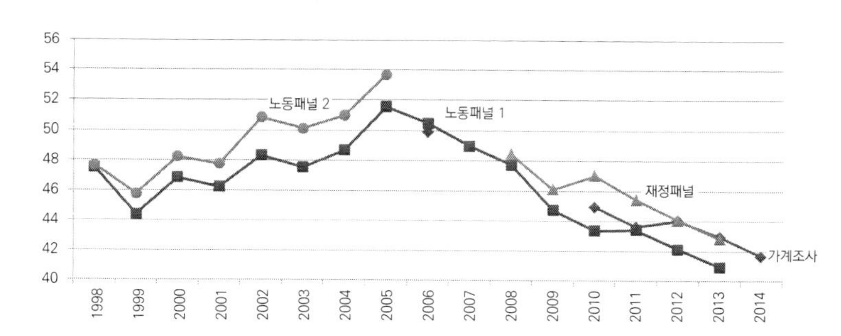

자료: 전병유 편(2016).

확인된다. 2006년 이후 자산 불평등이 감소한 이유에 대해서는 아직 충분한 설명이 이루어지지 않았으나 부동산을 비롯한 실물자산과 주식 등과 같은 금융자산의 가격 안정화가 큰 영향을 미쳤을 것으로 추정된다.

그러나 이러한 자산 불평등 지표도 주의해서 해석할 필요가 있다. 자산과 자산이 창출한 소득, 최상위소득은 조사 자료에서 제대로 파악되지 않는다는 문제가 있기 때문이다. 통계청의 『경제활동인구조사』에서는 금융소득이나 부동산소득 등이 잘 잡히지 않고 있고, 이들이 주로 최상위층에 집중되어 있기 때문에 조사 자료에서는 파악되지 않고 있다. 조사 자료의 한계로 인하여 통계 지표상의 불평등은 현실의 불평등을 과소추정할 가능성이 높은 것이다. 국세청자료를 처음으로 분석한 김유선(2012)에 따르면, 2010년 통계청 경제활동인구조사 부가조사에서 계산한 지니계수는 0.352이고, 노동부 고용형태별 근로실태조사에서 계산한 지니계수는 0.373이지만, 국세청 자료로 계산한 소득 지니계수는 0.503으로 나타났다. 이는 고액소득자가 조사에서 체계적으로 누락되고 계절노동자나 임시근로 등의 실태가 반영되지 않기 때문이다. 재정패널조사나 가계금융조사 등 설문조사 자료를 사용할 경우 상위 1% 소득 비중은 약 7-8 % 수준을 나타내지만, 국세청 통계 자료를 활용하면 그 두 배가 넘게 나온다(박명호, 2012). "불평등의 장기 추이는 도시가구 2인 이상을 대상으로 조사되는데, 1인가구나 농어촌가구를 포함할 경우 불평등은 더 악화되었을 수 있고, 임금 불평등의 장기 추이도 10인 이상 사업체의 풀타임-정규직 근로자 중심의 통계로만 파악되고 있는데, 10인 미만사업체와 임시일용직이나 비정규직을 포함할 경우 불평등은 더욱 악화되었을 것이다. 근로자가구만을 대상으로 하는 도시가계조사의 결과와는 달리 한국노동패널조사나 가구소비실태조사 등을 활용하여 분석한 연구에서는 전체 소득불평등에서 자산소득의 불평등이 차지하는 비중이 커졌다는 점도 확인되고 있다(최바울 외, 2003; 정의철 외, 2009). 따라서 우리나라의 소득불평등 심화의 일차적 원인은 근로소득의 불평등에 있다고 할 수 있지만, 현재 정확하게 파악되지는 않고 있는 자산소득 불평등의 심화도 간과할 수는 없다고 판단된다(전병유, 2013).

6. 소비 불평등

불평등 심화에서 소득보다 소비가 항상소득(permanent income)을 반영하여 더 장기적인 추세를 보여주는 정확한 지표이고, 소비 불평등은 소득불평등에 비해 상대적으로 안정적이라는 지적이 있다. 〈그림 3.11〉에서 보면, 소비 불평등은 상대적으로 안정적인 것으로 보인다. 가계지출, 특히 그중에서 소비지출의 경우 지니계수가 0.3 미만으로 작고 변동성도 작아 보인다. 그러나 소득이동성(income mobility)이 낮아지고 있고 소득이동의 장기소득균등화 효과도 줄어들고 있다(이건범, 2009)는 점에서, 소비 불평등이 크게 증가하지 않았다고 해서 장기소득과 항상소득의 불평등이 확대되지 않았다고 보기는 어렵다. 특히 저소득층의 소비 증가는 가계 적자와 부채에 기초하고 있다. 즉, 소득불평등이 심화하였음에도 소비 불평등이 크게 변하지 않은 것은 하위 분위의 소비지출이 부채로 인하여 증가하였기 때문이다(전병유, 2012).

〈그림 2.11〉 소비 불평등: 가계지출, 소비지출, 비소비지출의 지니계수 추이

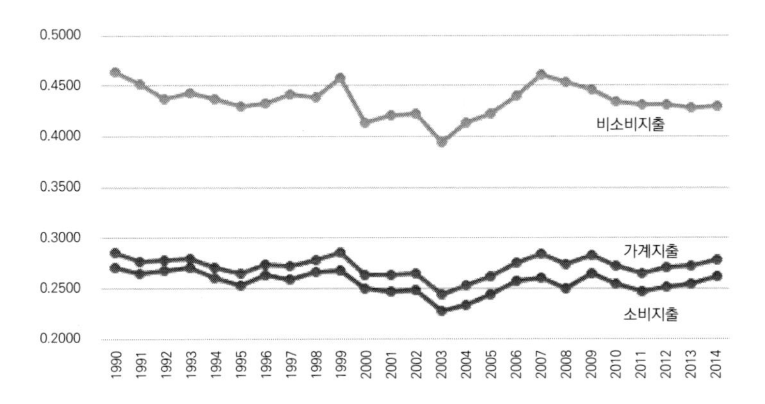

자료: 통계청, 가계동향조사.
주: 임금근로자 2인 이상 가구

또한 〈그림 2.11〉에서 보면, 소비 불평등의 경우에도, 외환위기 이후 소비 불평등의 지니계수가 감소하였지만, 2003년 이후에는 소비 불평등이 증가하고 있는 것으로 나타난다. 특히 이자지급과 같은 비소비지출은 지니계수가 0.4 이상으로 높은 편이고 2003년 이후 증가 추세를 나타내다가 2008년 이후 감소하는 추세를 보인다.

7. 재분배정책의 불평등 완화 효과

재분배의 불평등 완화 효과는 시장소득과 가처분소득의 불평등을 비교함으로써 간단하게 평가해볼 수 있다. 즉, 시장소득 지니계수와 가처분소득 지니계수의 차이는 이전소득에 의한 소득불평등의 완화

효과를 나타낸다고 할 수 있다. 특히 사적이전소득의 비중이 줄어들고 있기 때문에, 이 차이는 공적이전이라는 재분배 정책의 효과로 해석할 수 있을 것이다.

〈그림 2.12〉에서 볼 때, 우리나라에서 재분배정책들의 소득불평등 완화 효과는 2000년대 중반 이후에 나타나고 있는 것으로 보인다. 시장소득에서 가처분소득으로 갈수록 지니계수가 줄어드는 비율은 2003년 4.6% 이후 지속적으로 증가해서 2014년에는 10.1%에 이르렀다. 다만, OECD국가들의 경우 이 비율이 평균적으로 20%를 넘는다는 점에서, 한국의 재분배 정책이 시장소득의 불평등을 완화하기에는 아직 크게 부족하다고 할 수 있다.

재분배 정책의 불평등 완화 효과에 관한 기존의 연구들을 종합해 보면, 공적부조의 노인 빈곤 감소 효과는 상대적으로 크게 나타나고 있지만, 이른바 차상위 사각지대에 대한 공적이전 프로그램이 약하

〈그림 2.12〉 시장소득과 가처분소득 지니계수 추이

(임금근로자 2인 이상 가구, 1990년-2014년)

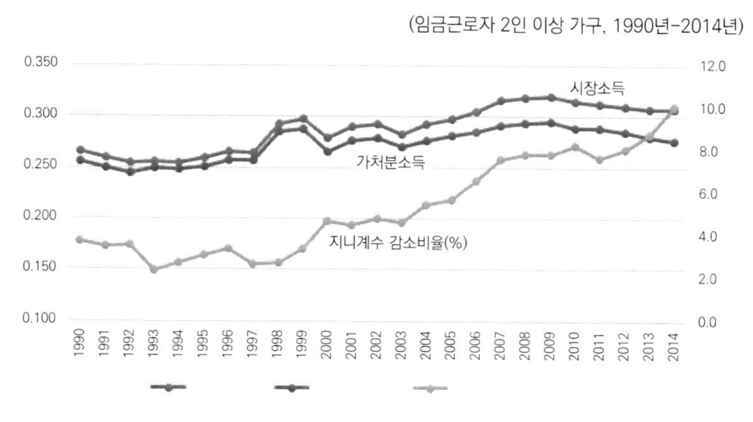

자료: 통계청, 가계동향조사

고, 연금 지급이 아직 본격화하지 않았으며, 고용보험의 사각지대가 크게 나타난다. 외환위기 이후 강화된 재분배정책들이 빈곤을 줄이는 데에는 어느 정도 효과가 있지만 소득 불평등을 완화하는 데에는 아직 한계가 많은 것으로 평가된다(전병유, 2012).

8. 다중격차: 소득-자산-소비의 결합지표

앞에서는 소득, 자산, 소비에 관해 개별적으로 불평등 정도를 검토해보았다. 그러나, 개인과 가계 또는 국가의 경제적인 생활수준(또는 사회적 후생)은 소득, 자산, 그리고 소비의 결합함수이다. 소득으로 사람들의 후생을 결정하고 측정하기에 충분하다고 보는 전통적인 접근에 대한 비판은 센(Sen, 1997)으로부터 제기되었다. 스티글리츠 외(Stigliz et al., 2009) 또한 경제적 후생은 다차원적인 개념이고 이를 측정하기 위해서는 다차원적인 프레임이 필요하다는 점을 강조하고 있고, OECD(2013)는 경제적 후생을 측정하기 위해서는 소득, 자산, 소비를 한데 묶어 검토하는 것이 중요하다고 강조하고 있다. 드와일드(Dewilde, 2011)도 불평등의 동인들(driving forces)은 선형적이지 않고 상호작용하는 특성을 가지고 있으므로, 불평등을 제대로 이해하려면 특정한 제도적 세팅하에서 상호작용하는 동인들(interacting drivers)에 대해 더 많이 알아야 한다고 강조하고 있다.

정준호·전병유(2016)는 이러한 맥락에서 소득, 자산, 소비를 포괄하는 다차원적인 경제적 후생지표(Material Condition Index)를 구축하고 한국의 『가계금융복지조사』 2014년 자료를 활용하여 이를 측정하였다. 특히 앳킨슨(Anthony Atkinson)의 일반평균(general means) 개념을 활용하여, 불평등에 대한 사회적 선호(불평등 기피 정도)에 따라서 각 지표들이 어느 정도의 경제적 후생수준을 나타내는지 분석한 것이 〈그림 2.13〉이다.

불평등을 전혀 고려하지 않을 경우(α=0), 소비는 자산이나 소득, 또는 다차원지표(MCI)에 비해서 높은 후생 수준을 나타내고, 소득은 다차원지표와 거의 유사한 후생수준을 나타낸다. 즉, 소득만을 가지고 후생수준을 평가하는 것이나, 소득-자산-소비의 결합지표를 가지고 후생수준을 평가하는 것은 큰 차이가 없다. 그러나, 불평등에 대한 평균적인 사회적 선호 수준(α=-1)에서는, 소득만을 가지고 평가할 경우 소득-자산-소비의 결합지표로 평가할 때보다 후생수준을 과대평

〈그림 2.13〉 불평등 수준에 따른 소득, 소비, 자산 및 다차원지표의 일반평균값

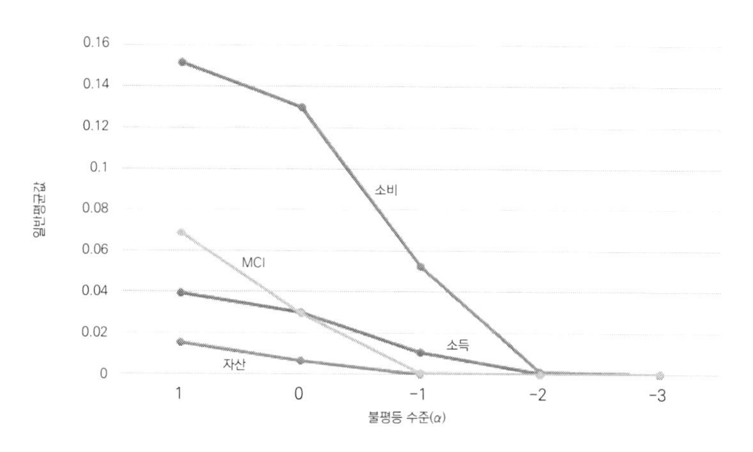

자료: 정준호·전병유(2016)에서 재작성.
주: 불평등 수준을 나타내는 α값은 작아질수록(- 로 커질수록) 불평등 기피 정도가 크다는 것을 의미함. 자세한 내용은 정준호·전병유(2016) 참조.

가하는 것으로 나타나고 있다. 이는 소득에 비해서 자산의 불평등 정도가 매우 크기 때문이다. 즉 불평등의 문제를 고려할 때, 소득만으로 경제적 후생수준과 사회 전체의 불평등을 평가하는 것에는 한계가 있으며, 소득뿐만 아니라 소비와 자산과의 결합분포 및 상호작용의 문제를 적극적으로 고려해야 한다는 것이다. 이는 격차의 다중성을 포괄하는 다중격차 지수가 필요한 이유이기도 하다.

제3장

산별노조운동의 성과와 한계
: 산업 내 그리고 산업 간 임금 및 사회보험의 불평등 추이*

1. 노동운동과 임금불평등

한국의 노동운동이 스스로 산별노조로 재편하기 시작한 지 약 20년이 흘렀다. 한국의 노동운동이 성장기 동력과 역량의 상당부분을 투여하며 이뤄낸 산별노조 체계는 그간 어떤 성과를 이뤄냈는가?

노동운동이 산업별로 조직체계를 재편함으로써 이룬 성과를 평가하는 방법은 다양하다. 첫째, 산별노조가 사용자와의 산업수준 임금교섭(industry-level wage bargaining)을 이끌어냈는지 여부를 통해 산별노조의 성과를 판단할 수 있다. 대부분의 기존 연구는 이와 같은 첫

* 이 글은 오선영 연구원이 「경제활동인구 부가조사 2003-2014」를 바탕으로 추출한 산업별 임금 데이터에 기반하여 필자가 완성하였다. 오선영 연구원의 노고에 감사드린다.

번째 방법을 택했다(은수미, 2006; 이주희, 2005; 박정연, 2007; 정진상 외, 2006). 그러나 이 경우, 산별노조의 성과는 사용자가 노동조합이 의도하는 교섭체계에 호응했는지, 혹은 노조가 그 호응을 얼마나 효과적으로 이끌어냈는지에 초점이 맞춰져 있으므로 산업별 수준 교섭을 통해 실질적으로 이루어낸 성과에 대한 논의가 빠져 있다. 둘째, 고용주와의 임금교섭에 있어 얼마나 효과적으로 임금인상을 달성했는지를 지표로 삼을 수 있다. 노조의 '임금 프리미엄'이 있었는지(김장호, 2008; 조동훈, 2008), 있었다면 상층과 하층 노동자계급 중 어느 쪽의 이해를 더 충족시켰는지(이정현, 2004) 등이 이러한 조류의 연구들이다. 이와 같은 두 번째 연구는 주로 개인수준 임금데이터를 이용하고, 산업별 차이는 여타 변수와 함께 통제변수로 처리한 후에 노조가입의 '순임금인상효과'만을 추출하는 전략을 취했다. 노조의 산업별 임금교섭으로 인한 산업 내 혹은 산업별 임금 차이는 황덕순의 시의적 연구(2004)를 제외하고는 주요한 관심대상이 아니었다. 셋째, 산별노조가 사회운동 및 정당과의 보다 효율적인 연대를 통해 노동시장 제도 및 사회정책 개혁을 얼마나 효과적으로 추진했는지를 지표로 삼을 수도 있다(이주호, 2013). 이는 산별노조 자체의 교섭력을 넘어서는 대 사회연대 및 대 정부/사용체 단체 교섭에서의 영향력을 측정하므로 개별산별노조의 효과를 따로 추려서 논의하기 힘들다. 다만 노동운동의 산별노조 건설에 관한 주요 목표와 전략이 보다 높은 수준의 '연대'를 추구했기 때문에 다른 연구를 통해 연대의 효과를 따로 평가할 필요가 있다(Lee, forthcoming). 이 글은 노동운동이 각 산업 내 혹은 산업 간 실질임금 및 사회임금의 불평등을 얼마나 개선했는지에 관한 여부로 그 성과를 판단해야 한다고 주장하며, 그 이론적 배경을 간략히 논한 후 몇 가지 기술적(descriptive) 지표 분석을 통해 산별노조의 평등화 역량(equalizing potential) 평가의 가능성을 탐색한다.

2. 산별노조운동의 산업 내 효과: 불평등에의 함의

산별노조 운동의 가장 중요한 목표는 산업별 단체임금교섭을 통한 '동일노동 동일임금'을 달성하는 것이다. 서유럽 국가의 경우, 산업별로 중앙집권화된 강력한 노조와 조율된 사용자 단체의 대표들이 임금과 노동조건의 기본적인 사항들을 협의함으로써 노동과 자본이 '공동체 전체의 이익'을 감안하며 서로를 만족시킬 수 있는 균형점을 찾아왔다. 노조는 산업별 임금교섭을 통해 노동자 간 임금격차를 일정 수준 이내로 관리함으로써 연대임금구조의 틀을 유지했고, 사용자는 기업별 경쟁으로 인한 과도한 임금인상을 방지하며 국제경쟁력을 유지할 수 있었다(Cameron, 1984; Crouch, 1993; Iversen, 1999). 정부는 과도한 임금인상을 자제한 노조에 사회임금(social wage)을 보장함으로써 분배와 산업평화를 동시에 달성한 산업별 임금교섭체계를 보완하였다.

한국 산별노조의 임금교섭체계는 기본적으로 독일 산별노조의 모델을 따르고 있다. 산별교섭의 가장 중요한 의제는 물론 임금이지만, 독일 산별노조는 임금인상 자제에 대해 노동시간 단축 및 고용안정과 같은 노동조건 개선과 경영참가로 보상받아왔다. 독일 산별노조의 또 다른 특징은 예를 들어 금속산별노조(IG-Metal)의 바덴-뷔르텐부르크 지역지부의 선도교섭이 시작되면 나머지 지역이 지역지부별 특성을 감안하며 선도교섭의 합의사항을 받아들이는 모델을 취한다는 점이다. 또한, 산별노조와 사용자 대표와의 협의와 별도로 산별노조와 개별기업 사업장과의 기업협약(대각선 협약) 역시 존재한다. 이러한 협약은 지역별, 산업별로 존재하는 생산성 차이를 감안하여 독립적으로 이루어지되 선도노조에서 이루어진 협약을 참조하는 형태로 연대임금의 기본정신을 유지하는 것이다(이승협, 2006).

〈그림 3.1〉은 산별노조의 임금교섭체계에서 연대주의에 기초한 임금교섭이 가져올 수 있는 확산효과(diffusion effects)의 경로와 범위를 보여준다. 우선, 확산효과가 미칠 수 있는 일차적 범위는 노조가 존재하는 사업장의 '조직되지 않은' 파견노동자를 포함한 비정규직과 하청업체들이다(지부1의 사례). 예를 들면, 독일 금속노조는 2000년대 후반 전 세계적인 금융위기를 거치면서 불완전고용 노동자가 늘어나자, 파견노동자에 대한 동일임금 지급 조항을 산별단체 협약에 포함시킴으로써 연대임금정책의 범위를 비정규직 노동자로 확대하기 시작했다(하이너 드립부쉬 외, 2014). 이와 같이 산별노조는 산하 모든 사업장에 적용되는 기본교섭 의제로 비정규직과 하청업체들의 임금조건에 대한 가이드라인을 제시할 수 있다. 물론, 이러한 연대주의적 임금교섭의 보편적 확대를 위해서는 노조 내 정규직 노동자의 암묵적 혹은 명시적 동의가 있어야 하며, 더 나아가 사용자 단체와 개별기업 사용자의 동의를 유도 혹은 강제할 수 있어야 한다. 산별노조가 비정규직에 대한 더 높은 수준의 임금과 복지를 요구할 경우, 사용자 측이 정규직 임금인상의 자제 혹은 삭감을 요구하는 것은 당연한 수순이기 때문이다.[1] 둘째, 앞서 독일 금속노조 사례에서 논의했듯이 교섭

1 기업의 성장기에 생산성 향상을 둘러싼 분배투쟁에서 이러한 협상은 상대적으로 수월하지만 경제위기 시 기업의 구조조정을 위한 노동력 조정의 필요로 인해 비정규직이 충원될 경우, 노조가 정규직의 희생을 감내하기는 쉽지 않다. 따라서 경제

〈그림 3.1〉 산별연대 임금교섭의 확산효과(독일 산별노조의 경우)

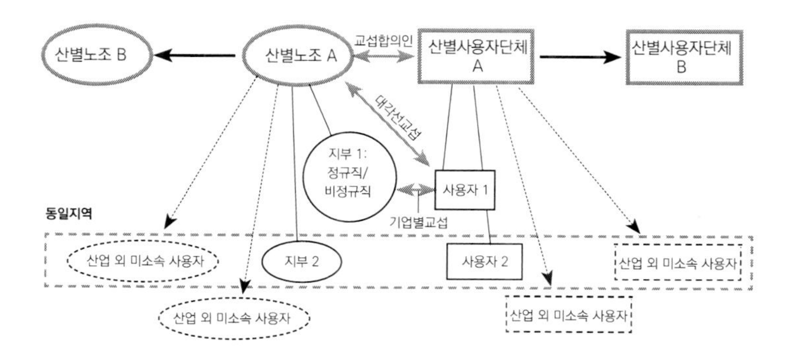

의 결과는 산업 내 노조가 존재하지 않는 타사업장의 임금교섭에 가이드라인으로서 영향을 미칠 수 있다. 특히, 이러한 선도교섭의 효과는 선도사업장이 독일의 메르세데스-벤츠(Mercedes-Benz)와 같이 산업 전반에 끼치는 생산유발효과가 광범위하며, 세계시장에서 경쟁력이 높은 업체일수록, 또한 그러한 사업장의 노조가 여타 노동조건 개선을 전제로 '임금인상 자제'에 합의했을 경우 파급력이 더 크다. 이러한 선도사업장을 통한 교섭의 확산효과는 여타 산별노조는 물론, 동일지역 내 혹은 산업 외부의 다른 노조와 비노조에게까지 미칠 수 있다. 예를 들어 프랑스의 경우, 노조조직률이 여타 서유럽국가들에 비해 낮음에도 불구하고 노조가 존재하지 않는 사업장들까지 특정산업의 노조와 사용자 단체의 선도교섭을 따름으로써, 단체교섭의 결과가 산업전반과 타 산업에까지 확산된다. 이러한 산별노조 임금교섭의 확산효과는 장기간 누적된 교섭관행의 제도화된 결과로서 임금

위기시 국가가 개입하여 비정규직의 연대주의 임금정책으로의 편입을 보조금이나 복지정책을 통해 보충하는 것도 가능한 정책수단이다.

(불)평등지수의 결과로서만 측정이 가능할 뿐 그 확산과정을 경험적으로 확인하기는 쉽지 않다.

한국의 산별노조는 대부분 업종에서 이러한 독일의 모델을 형식적으로 갖추고 있다. 그러나 대부분의 재벌 산하 대규모 제조업 사업장 노조는 여전히 기업별 교섭의 틀을 유지하고 있다. 거의 모든 산업에서 사용자 측 교섭주체가 중앙수준에서 조직화되어 있지 않으므로 산별노조가 개별사용자와 교섭하는 대각선 교섭을 시도하는 몇몇 경우를 제외하고는(〈그림 3.1〉 참조) 대부분의 기업별 노조는 산별노조 지부의 이름으로 개별기업의 사용자와 교섭을 한다. 이는 실질적으로 산업별 노조가 없는 기업별 교섭과 큰 차이가 없다. 특히, 한국의 선도교섭은 독일과 같은 임금인상 자제와 근로조건 향상의 공유를 통한 '연대 확산' 효과가 아니라 '각자도생의 확산 효과'와 '하방압력 효과'를 갖는다. 세계적인 경쟁력을 갖춘 선도사업장 노조가 자신의 이해에 충실하여 성과의 과실을 조직 내부에 분배하는 것으로 사 측과 합의할 경우, 산업 내 다른 경쟁업체의 노조들 역시 동일한 수준의 임금인상을 사측에 요구한다. 대표적인 사례는 한국의 자동차 완성업체 3사(현대자동차, 기아자동차, GM대우자동차) 혹은 조선 3사(현대중공업, 삼성중공업, 대우조선해양)의 노조들이다. 각자도생 전략의 결과는 산업 내 경쟁력 있는 업체들의 정규직 노조 사이에서 벌어지는 경쟁적인 임금인상이다. 선도업체의 사용자는 정규직 노조들의 경쟁적인 임금인상으로 인한 비용 상승 압박을 두 가지 경로로 해소한다. 첫 번째는 장기적인 해결책으로 생산시설의 해외 이전이다. 이는 해외시장 장악력이 높고 현지화 비용을 감당할 수 있는 글로벌 기업들은 이미 선택한 전략이다. 두 번째는 단기적 혹은 산업특수적인 해결책으로 생산시설의 분산과 글로벌 체인화가 여의치 않는 거대 장치산업(조선, 석유화학, 철강)이나 시장이 지역과 문화로 분단되어 있는 서비스산업의 전략으로, 우선, 사내 정규직 고용을 동결 및 축소하고 사내 하청 및 비정규직을 확대하며, 기존 비정규직의 임금을 하향조정하는 것이다. 하청업체는 선도업체의 임금인상의 일정 부분이 자신들의 희생에 기초한 것임을 알고 있으나 하청업체라는 구조적인 조건으로 인해 이에 관한 문제제기를 하기 힘들다. 이 경우, 노사 모두에게 선도업체의 임금협상 결과는 '최저한도의 기본쟁취 사항'이 아닌 '하방압력'으로 작용하게 된다. 이를테면 올해 선도업체의 노조가 과도하게 높은 임금인상을 쟁취했을 경우, 내년에 하청업체 사용자는 선도업체 사용자가 그 부담을 (단가 후려치기를 통해) 자신에게 전가할 것을 예상하여 노조에 임금인상 자제를 요구할 가능성이 더 높고 하청업체의 노조는 이러한 구조적 압박에 굴복할 가능성이 높다. 따라서 세계시장에서 경쟁력 있는 소수 대공장업체 내부에서 정규직-사내하청/비정규직으로 분단되고 다시 사외 하청업체들과 외부적으로 분단되어 있는 노동시장구조에서, 선도업체의 정규직 노조가 달성하는 임금인상의 확산 효과는 상술한 두 가지 경로인 '각자도생의 확산 효과'와 '하방압력 효과'를 통해 대규모 사업장 정규직과 나머지 노동자 그룹 사이의 '불평등 확대'로 이어진다. 한국의 대공장 노조들의 경우, 선도사업장의 노조는 "하청업체와 비정규직을 사측과 함께 착취함으로써 고임금 혜택을 누려온 것"(금속노조 간부출신 활동가와의 인터뷰 중)임을 고려할 때, 노조의 보호를 받지 못하는 비정규직 노동자와 세계시장에서 경쟁력 없이 구조적으로 선도업체들에 복속되어 있는 하청업체에게 선도업체의 임금 인상은 곧 자신의 실질임금 하락 및 노동조건 악화의 신호인 것이다.

한국에서 산별노조 교섭이 시도되고 있는 대표적인 산업은 금속, 금융, 보건의료, 공공 노조이다. 1990년대부터 활동가 중심으로 논의되었던 산별교섭은 2000년 금융노조를 필두로 시도되기 시작하여 2003년 금속, 2004년 보건의료 노조 등 여러 산업으로 확산되었다. 위 네 가지 산업은 일부 혹은 단기적이나마 사용자 단체들의 구성을 강제해냈고 산업별 합의교섭을 통해 임금과 노동조건의 합의를 이뤄내기도 하였다. 또한 이들 산업 모두 비정규직 보호, 산업별 최저임금과 같은 연대주의적 이슈들을 주요 교섭의제로 다룸으로써(이주환, 2012) 기업별 노조의 틀을 뛰어넘는 의미 있는 성과를 이뤄냈다. 그러나 노동운동을 통해 산별노조의 형태를 갖추었지만 금융노조를 제외하고는 대다수 산업의 사용자들이 기업별 교섭을 고수하며 산별노조와의 교섭에 큰 성의를 보이지 않았다. 금속노조의 경우, 완성차업체들의 노조는 기업별로 개별협상을 고수해왔고, 산별협상은 중소부품업체를 중심으로 임금과 노동조건의 '최저기준'을 협의하는 정도를 넘어서지 못했다(이원보 외, 2012). 2010년대에 들어 기존의 산별교섭에 참여하는 기업들도 점점 줄어드는 형국이다. 보건의료 노조의 경우, 2000년대 중반 중앙협상이 잠시 이루어졌으나 2000년대 후반 사용자 단체가 해산하며 중앙협상의 틀이 깨졌다. 두 경우 모두, 사용자 단체 쪽의 협상 회피 및 무성의한 태도와 보수정권하에서 이루어지는 개별지부 노조 탄압이 중앙교섭 실패의 주요 원인이었지만, 산별노조와 지부 간 협상의 권한 배분 및 협의주체 문제, 지부 내부의 정규직-비정규직 갈등, 지부 간 임금 및 노동조건의 차이 등으로 인한 노조 내부의 갈등 또한 무시할 수 없는 이유였다.

마지막으로, 산별교섭의 현실 적합성은 결국 임금을 지불하는 사용자가 판단할 수밖에 없는데, 이들이 참여할 인센티브가 없는 교섭테이블은 결국 사용자단체의 중앙교섭 포기와 단체해체로 귀결될 것이다. 사용자 입장에서 산별노조의 협상요구에 응할 인센티브는 두 가지이다. 하나는 미시적 개별사용자 입장에서의 거래비용 감소(파업과 장기협상으로 인한 손실 감소)이고 다른 하나는 거시적·집합적 사용자 입장에서의 국제 경쟁력 확보이다. 사용자 입장에서 노조 내부의 이견과 갈등으로 인해 만들어진 복잡한 교섭구조와 그로 인한 거래비용 증가를 감당해야 할 이유는 없다. 산별 중앙교섭, 대각선교섭, 그리고 지부별 개별교섭 구조는 독일산별노조의 경우와 같이 그 협상의 의제와 범위가 교섭층위별로 엄격하게 구별되어 있지 않는 한(〈그림 3.1〉참조), 노조 입장에서는 중앙과 개별노조의 다른 이해관계를 절충할 타협점일지라도 사용자 입장에서는 한 번 할 교섭을 두세 번 하는 꼴이 된다. 더구나, 이 복잡한 교섭에도 불구하고 거시적·집합적 사용자 입장에서 기대하는 거래비용 감소 혹은 파업 자제를 통한 국제경쟁력 확보가 보장되지 않을 경우, 사용자는 산별교섭을 지속할 이유가 없다. 결국, 한국의 산별노조는 기존의 투쟁에 기반한 기업별 교섭이 가져온 경쟁적 임금인상의 결과를, 산업수준에서 합의된 평균인상안을 요구함으로써 산업 수준으로 '집합화'하는 효과를 가져왔을 뿐, 사용자 측이 산업수준의 교섭을 해야 할 어떤 인센티브도 제공하지 못한 것이다.

이러한 한국의 산별노조 운동의 쇠퇴 및 한계에도 불구하고 산별노조는 기업별 교섭의 한계를 극복하고자 하는 노조활동가 그룹의 지난한 노력의 산물이다. 다음 장에서는 이 노력이 경험적으로 임금 및 사회보험적용에 있어 어떤 유의미한 결과를 가져왔는지 산업별로 평가함으로써 향후 산별노조운동의 구조와 발전 가능성을 진단한다.

3. 노조 유무와 사회보험 적용률: 경험 분석

이 글은 우선 산별노조의 임금 및 노동조건 교섭의 효과를 산업별 임금데이터로부터 확인할 수 있는지 그 가능성을 탐색한다. 분석이 탐색적일 수밖에 없는 것은, 이론적 효과의 메커니즘에도 불구하고, 한국의 산별노조가 아직은 초기단계이며 앞에서 논의한 바와 같이 그동안 합의된 내용과 성과가 일천하며, 그 적용의 기업수준 확산이 미미하기 때문이다. 지표상 나타나는 차이의 대부분은 노조 효과라 볼 수 없는 산업별 특수성일 가능성이 많다. 그럼에도 불구하고, 산별노조가 설립되고 활동 중인 산업들의 시계열상의 임금 불평등 및 사회보험 가입 추이를 정규직과 비정규직, 노조사업장과 비사업장으로 나누어 비교함으로써 산별노조 혹은 노조의 효과가 존재하는지를 평가한다.

〈그림 3.2〉는 금융, 보건복지, 금속산업에서 산별노조가 설립되어 제도화된 지 10여 년이 지난 2003년 이후 정규직과 비정규직 노동자간 임금격차를 시계열로 보여준다. 금융과 금속산업에서 임금격차는 2008년 금융위기를 기점으로 계속해서 확대되어왔고(첫 번째와 세 번째 패널), 그 경향은 금융산업에서 더욱 두드러지며 보건복지업에서는 상대적으로 그 격차가 미미하다. 〈그림 3.3〉은 금속산업에서 비정규직 노동자의 임금을 정규직 노동자의 임금으로 나눈 비율과 유

〈**그림 3.2**〉 산업별 정규직과 비정규직 임금 추이(월 임금 기준)

(단위: 만 원)

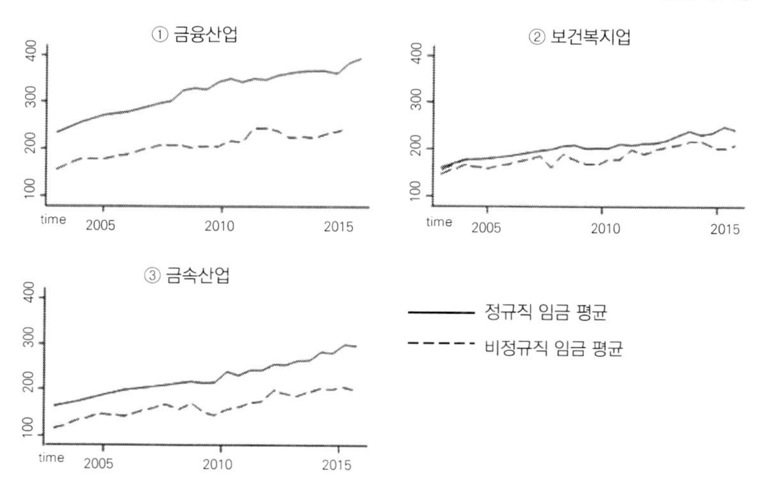

자료: 통계청, 경제활동인구조사

(有)노조사업장 임금 대비 무(無)노조사업장 임금의 비율을 시계열로 보여준다. 1에 가까울수록 평등하며 0에 가까울수록 불평등하다. 전체 산업에서 이 비율이 극적으로 하락했을 때는 2008년 이후 지속된 금융위기 시기이다. 동일한 경향이 금속산업에서도 확인된다. 〈그림 3.2〉의 보건복지업에서는 2008년 전후와 2015년을 제외하고는 상대적 평등이 지속된다. 하지만 보건복지업에서의 상대적 평등을 산별노조와 임금교섭 효과라고 보기는 힘들다. 2000년대 중반 산별교섭이 잠시 시도되었을 때, 비정규직 임금 및 노동조건 보호에 대한 구체적인 협상이 타결된 바 역시 없다. 또한, 산별교섭은 병원협의회에 속한 사용자들과 그 산하 병원에 속한 간호사 및 직원들이 주요 구성원이었으며 광범위한 보건업종 전반에 파급력이 있는 교섭은 아니었

다. 오히려 보건업의 상대적인 저임금과 저생산성으로 인한 비용질병(cost disease, Baumol, 1967)이 정규직 노동자의 임금을 정체시키면서 정규직과 비정규직과의 임금격차가 덜 벌어졌다고 보는 것이 타당할 것이다.

〈그림 3.2〉에서 확인할 수 있는 금속산업과 금융산업에서 정규직과 비정규직의 임금차이 확대는 사용자들이 정규직임금 상승분을 비정규직 고용 및 차별을 통해 보충하고자 했고, 동시에 정규직에 집중되어 있는 노조들은 비정규직을 보호하고자 하는 노력을 진정성 있게 하지 않았기 때문이다. 물론, 생산성 향상이 비약적으로 이루어진 글로벌 기업의 선도사업장의 임금상승분이 이러한 정규직 대 비정규직의 임금차이 확대를 설명하는 측면도 있을 것이다(안주엽 외, 2007). 하지만 다른 선행연구들은 한국의 비정규직 노동자의 경우, 동일한 사업장의 동일 작업 라인에서 근무해왔음에도 정당한 생산성 향상의 과실을 분배받지 못하고 있음을 밝혀왔다(장지연 외, 2008).

〈그림 3.3〉은 금속산업에서 노조가 없는 사업장의 노동자가 노조가 있는 사업장의 노동자에 비해 받는 임금의 비율(낮을수록 불평등)과 정규직 대비 비정규직 노동자의 임금비율을 시계열로 나타냈다. 이전 데이터가 필요하지만, 적어도 2005년까지 노조 효과는 정(positive)의 확산 효과를 가졌던 것으로 보인다(황덕순, 2004: 75 참조). 하지만 2005년 이후에 80%에 가까웠던 유노조사업장에 대한 무노조사업장의 임금비율은 금융위기 즈음에 70% 이하로 급격하게 하락한다. 이 시기에 정규직 대비 비정규직의 임금 역시 시차를 두고 65% 수준까지 떨어진다. 이후, 두 가지 시계열 도표의 추이는 간헐적으로 75% 수준까지 회복하지만 2015년까지 다시 점진적으로 하락하는

〈그림 3.3〉 금속산업 노동시장 지위 및 노조 소속에 따른 임금 불평등 추이

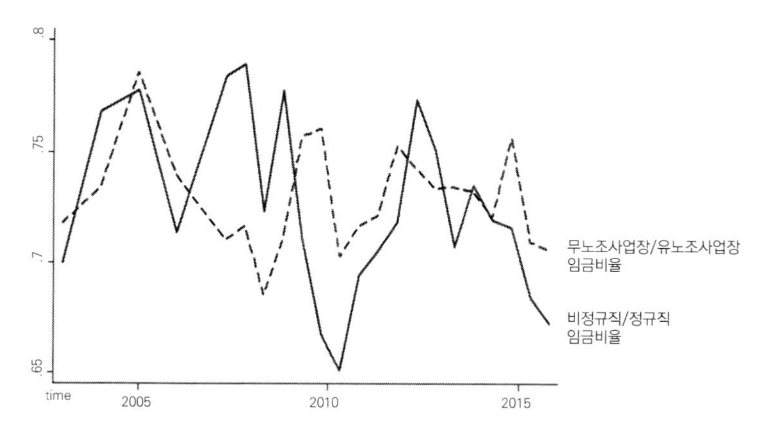

자료: 통계청, 경제활동인구조사

경향을 보인다. 이는 글로벌 선도기업의 대공장에서 높은 조직률을 자랑하며 생산성에 상응하는 임금상승을 이뤄낸 노조들의 '성과'일 수도 있고, 그러한 임금상승 잔치에서 소외된 비정규직과 무노조 영세업체들의 '정체'때문일 수도, 혹은 둘 다일 수도 있다. 실제로, 대규모 유노조 정규직 임금 대비 중소규모 무노조 비정규직의 시간당 평균임금은 2003년 8월에 45%수준에서 2010년 36%까지 하락한 후, 2014년에 39% 수준에 머물고 있다(김복순, 2015: 51).

〈그림 3.4〉, 〈그림 3.5〉, 〈그림 3.6〉은 산별노조 협상 및 제도적 개혁의 노력이 임금 불평등이 아닌 사회안전망 영역에서도 작동하는지를 짚어본다. 세 그림은 앞서 논의한 확산 효과를 통해, 정규직과 비정규직의 산업별 노조조직률이 보험가입률에 끼친 영향을 보여준다. 〈그림 3.4〉와 〈그림 3.5〉는 각 산업별 정규직 노동자의 노조가입률과 비정규직 노동자의 노조가입률이 정규직 및 비정규직의 보험가입률에

〈**그림 3.4**〉 정규직 보험적용율과 정규직 노조가입율

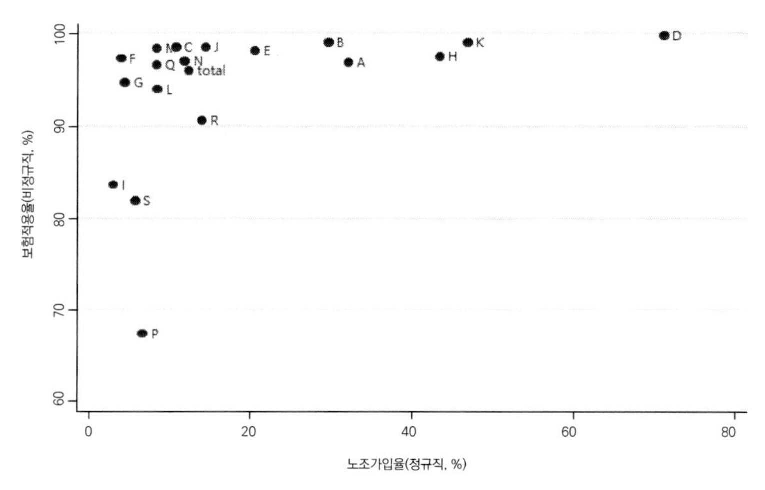

자료: 고용노동부, 고용형태별 근로 실태조사

〈**그림 3.5**〉 비정규직 보험적용율과 비정규직 노조가입률

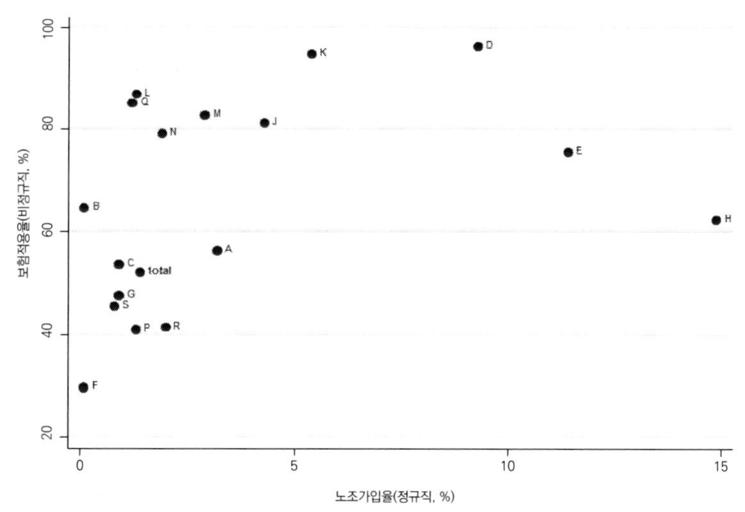

자료: 고용노동부, 고용형태별 근로 실태조사

〈그림 3.6〉 사업별 정규직 노조조직율과 비정규직 보험적용률

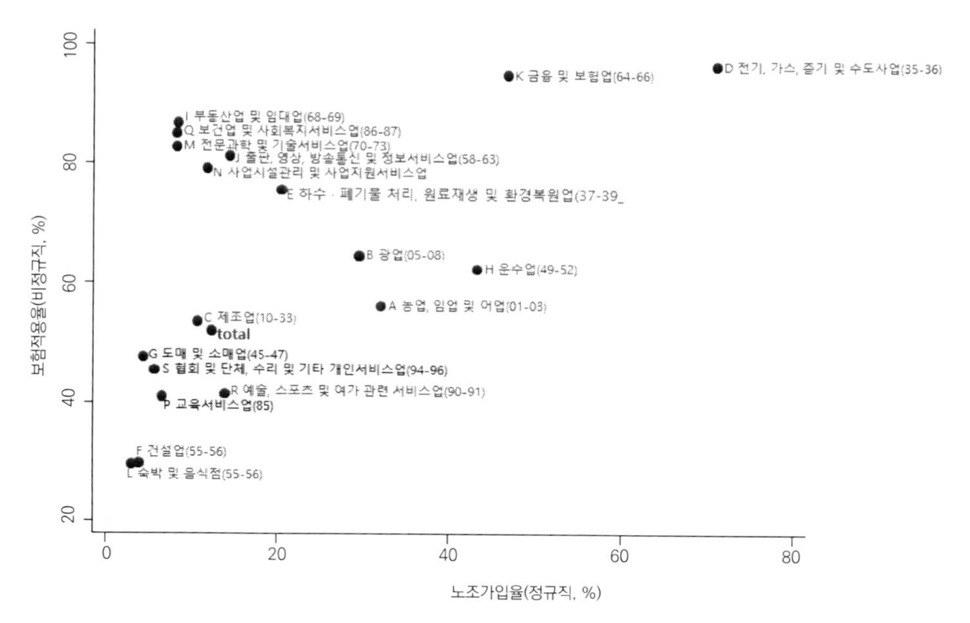

자료: 고용노동부, 고용형태별 근로 실태조사

어떤 영향을 미치는지를 두 가지 변수의 산점도(bivariate scatterplots)로 나타냈다. 〈그림 3.4〉에서 확인할 수 있듯이, 2014년은 정규직의 노조가입률과 상관없이 대부분의 산업에서 이미 90%이상의 보험적용률을 기록하고 있다. 몇몇 서비스 업종에서의 낮은 노조가입률은 낮은 보험적용률과 상응하지만, 다수의 산업이 왼쪽 상단에 집중되어 낮은 노조가입률에도 불구하고 높은 보험적용률을 보인다. 따라서 정규직종의 경우에 기본적인 사회보험은 대부분의 산업에서 보장이 완료된 것으로 판단된다. 하지만 비정규직종 사회보험적용률은 금융보험업과 전기수도업을 제외하고는 90%를 넘는 산업이 없

다. 또한, 비정규직의 노조가입률이 비정규직의 사회보험적용률과 강력하게 연관되어 있지 않다(상관계수=0.41). 오히려 〈그림 4.6〉에서 정규직 노조조직률과 비정규직의 사회보험적용률을 연관시켰을 때 훨씬 높은 설명력을 가진다(상관계수=0.52). 노조조직률이 낮음에도 이미 사회보험적용률이 높은 전문서비스업 직종들(부동산업, 전문과학기술업, 보건사회복지업, 출판영상업)을 제외하고, 손노동산업(manual working class-based industries)만을 놓고 볼 때 정규직 노조조직률과 비정규직의 사회보험적용률은 대단히 높은 상관관계를 보여준다(상관계수=0.6). 다시 말해서 정규직 노조가 높은 조직률을 보일 때, 적어도 비정규직과의 임금 불평등을 개선하지는 못해도 비정규직의 사회보험은 책임져주는 경향이 있다는 것이다. 혹은, 산업 수준에서 높은 조직률을 가진 정규직 노조는 사용자에게 산업 전체 수준의 의제들을 중심으로 사용자들을 협상테이블로 끌어내고 산업전체 노동자의 보편적 의제를 관철시키는 경향을 보이는 반면 낮은 조직률을 가진 정규직 노조는 소수로 조직된 노동자들의 특수 이익을 대변하는 경향을 보인다고 할 수 있다. 앞의 세 가지 산업 가운데 보건복지업은 예외사례이지만, 제조업과 금융보험업은 각각 부(negative)의 사례와 정(positive)의 사례로서 확인된 패턴에 기여한다.

4. 산별노조의 연대임금전략

한국의 노동운동은 산별노조와 노동자중심 정당의 설립을 양대 조직과제로 선정, 20년 가까이 분투해왔다. 산별노조의 설립은 기업별

노조의 사업장 단위 임금인상 위주의 투쟁이라는 문제점을 극복하기 위해 산업수준 임금과 노동조건의 표준을 만들고 사용자단체의 설립을 유도함으로써, 궁극적으로 서유럽 노동조합 운동이 성취했던 '연대임금(solidaristic wage)'을 달성하고자 하는 노동운동의 오랜 과제였다. 2000년대 노동운동의 대표적인 산별노조들은 산하 노조의 총의를 모아 중앙교섭의 틀을 만들었으나 실질적인 협상의 성과를 만들어내는 데는 실패하였다. 오히려 가장 선도적인 산별협상을 추진했던 산업들에서 정규직과 비정규직 간, 유노조사업장과 무노조사업장 간의 임금 불평등이 증가했다. 보건의료업이 불평등이 증가하지 않은 유일한 예외사례이지만 실질적인 임금협상의 내용을 볼 때, 상대적 평등의 결과는 노조의 성과라기보다 글로벌 경쟁에 덜 노출되고 있고 서비스 산업 특유의 낮은 생산성이 그 이유라고 판단된다.

다만, 2000년대 이후 악화된 산업 내 임금 불평등과 달리 사회보험 가입률에 있어서는 눈에 띄는 성과가 있었다. 특히, 노조조직률이 높은 손노동산업에서 사회보험가입률이 의미 있게 높은 경향은 정규직의 임금을 직접적으로 희생시키지 않으면서 비정규직의 노동조건과 생활보장의향상을 도모하는 것이 거시적 사회안전망 확보를 통해 가능하다는 사실을 보여준다. 이미 높은 수준의 임금 불평등이 역사적으로 존재하는 산업에서, 또한 그 불평등이 세계시장에서 개별기업의 경쟁력과 생산성에 기반한 경우, 노조가 사용자를 강제해서 연대임금교섭의 틀을 만들어내기란 지난한 일이다. 따라서 비정규직과 무노조 중소사업장의 노동자에 대한 노동조건을 보장하는 첫 번째 전략은 산별협상에서 4대 사회보험의 적용을 기업주에게 기본임금의 일부로 요구하는 것이다. 물론, 여기에 정부가 모든 임금노동자에 대한 기업주의 사회보험료 부담을 법적으로 의무화함으로써 사회보험의 적용을 보편화시키는 노력이 정치적 전략으로 병행 추진되어야 한다.

산별노조의 연대임금을 위한 두 번째 전략은 생산성의 차이가 사업장별로 크지 않은 산업을 중심으로 '차이를 인정하는' 연대임금제도와 기준을 수립하는 것이다. 이는 한국의 산별노조가 그간 추진해 온 '동일노동 동일임금' 전략과 같으면서도 다른 것이다. 무엇보다 사용자의 지불능력에 따라 산별노조의 지부는 산별협상에 참가하고 동의하는 정도가 달라질 수밖에 없다. 이 차이를 무시하는 산별협상은 결국 개별 노조 간 차이와 균열에 의해 사용자와 테이블에 마주하기도 전에 무너질 수밖에 없다. 따라서 사업장 규모와 경쟁력을 감안하여 사업장 간 차이를 반영하되, 최상위 사업장과 최하위 사업장 간 차이를 좁히는 방안을 산별노조 수준에서 만들어낼 수 있어야 한다. 예를 들면, 임금협상에 집중되어 있던 기존의 틀을 벗어나 최상위 사업장에서 사용자와 노동자가 이익의 일정 부분을 산업수준의 연대기금으로 축적하여 재교육 및 재취업에 사용하는 것도 생각해볼 수 있다. 다만, 이 연대임금을 위한 두 번째 전략은 사용자의 임금지불 능력의 '차이'를 인정하되, 사업장 내 같은 생산라인과 동일업무에 종사하는 정규직과 비정규직 간의 '차별'은 배격해야 한다. 사내하청과 파견의 형태로 이루어지는 이 '차별'은 노동자 간의 연대를 해치는 차원뿐 아니라 인간의 존엄성과 형평성의 차원에서 다뤄지고 극복되어야 할 문제이다.

결과적으로, 한국의 산별노조 운동은 기로에 서 있다. 첫째로 산업별 연대임금(동일노동 동일임금)을 통한 불평등 감소라는 산별노조 고유의 목표를 지속할 수 있는지 여부이다. 이 글은 꾸준히 확대되어온 산업 내 임금 불평등 지표를 통해 이 첫 번째 목표가 이제껏 실패했고 앞으로도 난망할 것이라 판단했다. 두 번째로 산업별 연대의 확산 효과를 어떤 의제를 통해 달성할 것인지의 문제이다. 운동을 통해 이미 존재하는 기업별 생산성 차이를 극복할 수는 없다는 전제 아래, 이 글은 연대임금의 범위를 넓혀 사회안전망의 확대와 보편화를 목표로 삼을 것을 제안했다. 정규직 노조조직률과 사회보험적용률의 강력한 상관관계는 이 목표가 지금까지 산별노조운동의 중요한 성과이자 앞으로도 현실적 대안일 수 있음을 보여준다. 노동운동의 활성화가 임금 불평등으로 귀결될 수도 있지만, 동시에 복지국가를 통한 보편적 평등을 확산시키는 역할도 할 수 있는 것이다. 이 글은 자본의 유연화로 인해 급격히 증가하는 노동시장의 불평등을 일정 정도 용인하되 보편적 사회안전망의 구축을 통해 그 부정의(injustice)를 순치시키는 길이 산별노조운동의 현실적 경로일 수 있음을 제시한다.

제4장

다중격차와 청년세대

1. 다중격차와 청년세대의 불행한 조우

전 세계적으로 불평등은 이미 중요한 사회적·정치적 의제다. 한국에서 불평등이 긴급한 사회적 의제로 부상한 것은 1997년 동아시아 경제위기가 직접적인 계기였다. 이후 한국의 불평등 문제는 '양극화'라는 이름으로, 즉 '20 대 80', '1 대 99'의 사회와 같이 부자와 가난한 이들 사이의 거리가 점점 더 벌어지고 있는 현상으로 묘사되었다. 그리고 이제는 양극화를 넘어 정규직과 비정규직으로 나뉘고, 부와 소득의 재생산 메커니즘이 서로 다른 원리와 방식으로 작동하면서 상호이동이 원천적으로 봉쇄되는 '이중화'로 쟁점이 옮겨지고 있다. 또한 소득, 자산, 교육, 지역 등의 불평등 영역 간 상호의존과 결합양상이 점점 더 밀접해지고, 구조화되는 '다중격차'의 문제 역시 한국 사회에 나타나는 불평등의 특징으로 부각되고 있다(제1장 참조).

청년세대 문제는 이러한 불평등의 양극화 및 이중화, 그리고 다중격차의 구조화가 가장 급격하고 압축적으로 나타나는 사회정치적 쟁점이라고 할 수 있다. 즉 '88만원 세대'론의 등장 이후 본격화된 청년세대의 빈곤문제는 이후 소득을 넘어 자산, 주거, 결혼, 인간관계 등 복합적이고 다양한 측면의 불평등이 교차하고 응축되는 다중격차의 담지자(제8장 참조)로 확대·재생산되고 있다.

1997년 이후 장기불황이 도래하고 2000년대 후반부터 저성장이 고착화되면서 청년세대에게 가장 큰 타격으로 다가온 것은 '일자리', 즉 청년실업문제다. '고용 없는 성장'의 가장 큰 피해자는 사회진출이 원천적으로 가로막힌 '젊은 세대'였고, 이는 기존의 불평등구조와 맞물리면서 소득과 결혼, 그리고 가족이라는 사회적 재생산 문제로 확대되었다. 즉 빈곤계층으로 새롭게 등장하게 된 청년세대를 가리키는 88만원 세대는 불안정한 일자리, 학자금 대출 상환, 기약 없는 취업 준비, 치솟는 집값 등 정상적인 생활을 불가능하게 하는 사회경제적 환경 속에서 연애·결혼·출산을 포기한 '삼포세대'(방희경 외, 2015: 48)에서 포기할 것이 셀 수 없이 많아진 'N포세대'로 이어지며, 그 절망의 숫자는 끝이 보이지 않을 지경이다.

급기야 이들은 탈출구가 보이지 않는 현재의 한국사회를 "헬조선", "불지옥반도", "망한민국"이라 부르기 시작했다. 이러한 사회규정은, 현재 청년들이 겪고 있는 고통이 사회구조적인 문제에 근본 원인이 있음에도 불구하고 청년들의 노력 부족만을 탓함으로써, 구조의 문제를 개인의 문제로 치환하는 사회와 기성세대에 대한 또 다른 분노의 표현이다. 이런 사회에서 청년세대는 "이생망"(이번 생은 망했어요)

이란 자조를 되뇔 수밖에 없는 지경에 이르렀다.

청년이 직면하고 있는 고통의 배후에는 다중격차라는 불평등 구조가 자리 잡고 있다. 그런데 기성세대의 시각은 구조보다는 행위양식에 꽂혀 있다. "나 때는 말이야", "배가 불렀다", "아니꼬우면 북한 가라", "눈높이를 낮춰라", "왜 중소기업에 가지 않으냐", "요즘 친구들은 더럽고 힘든 일은 안하려고 해서 문제다"라는 기성세대의 질책은 희생자 비난하기(blaming the victim)와 다름없다. 청년에게 고통을 안겨주는 현재의 구조를 낳은 것은 청년이 아니라 기성세대인데, 오히려 그 희생자인 청년세대를 탓하고 있는 것이다. 개천에 물이 말랐음을 보지 않고 장엄하게 날아올랐던 용만 기억하는 세대들이 늘어놓는 질타는 청년에게 또 다른 고통이다.

2. 20대는 어떻게 살고 있나?: 청년세대의 빈곤지도

고등학교를 졸업하고 성년이 된 청년들에게 주어진 '진로'는 크게 대학입학, 취업, 백수(교육받지 않고, 고용되어 있지도 않으며, 취업훈련도 받지 않는 의미에서 니트-NEET; Not in Education, Employment or Training-족으로 표현되기도 한다) 세 가지다. 우선, 수적으로 다수를 차지하는 대입 청년들의 삶을 살펴보자.[1] 대학진학을 선택한 약 70%에 달하는 20대 청년 대부분은 대학에서 취업을 준비한다. 그런 의미에서 이들은 잠재적 취업준비생, 즉 '취준생'이다. 〈그림 4.1〉에서 볼 수 있듯이,

1 한국의 대학진학률은 2000년대 중반 80%를 상회하다가 지금은 70%대로 떨어졌다. 그래도 OECD국가 중 가장 높은 비율이다.

〈**그림 4.1**〉 20대 청년의 삶

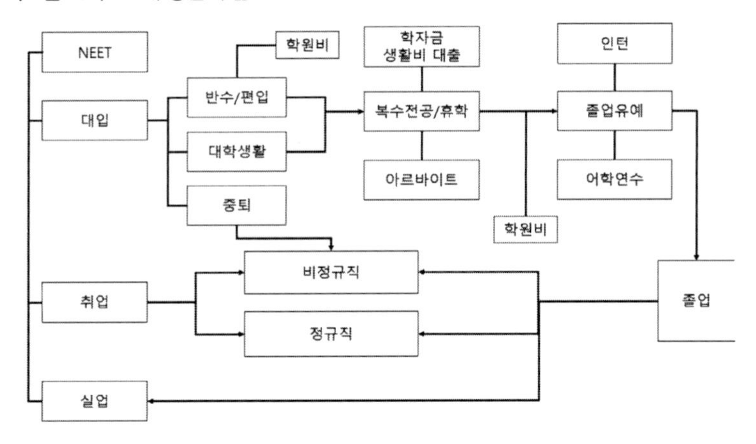

이들은 취업을 위해 대학생활을 한다. 취업에 도움이 되는 복수전공을 선택하고 어학연수 등의 스펙을 쌓기 위해 휴학을 한다. 자신이 속한 대학이 취업에 도움이 될 것인지에 대한 판단 아래 상위권 대학으로 반수 혹은 편입을 시도하고, 일부는 대학이 취업에 도움이 되지 않을 것이라는 판단하에 중퇴를 하고 바로 노동시장 진입을 시도하기도 한다. 졸업이 다가올수록 소수의 경우를 제외하고 졸업유예를 통해 대학생의 신분을 유지하면서 취업을 준비한다.

빈곤의 출발

이런 과정에서 청년들은 높은 등록금, 나날이 늘어나는 방값 등의 생활비, 스펙을 쌓기 위한 학원비 등 추가적인 비용을 부담해야 한다. 비용부담의 방식은 세 가지이다. 우선, 가족의 지원이 있다. 가족 간

〈그림 4.2〉 한국장학재단 학자금 대출 현황

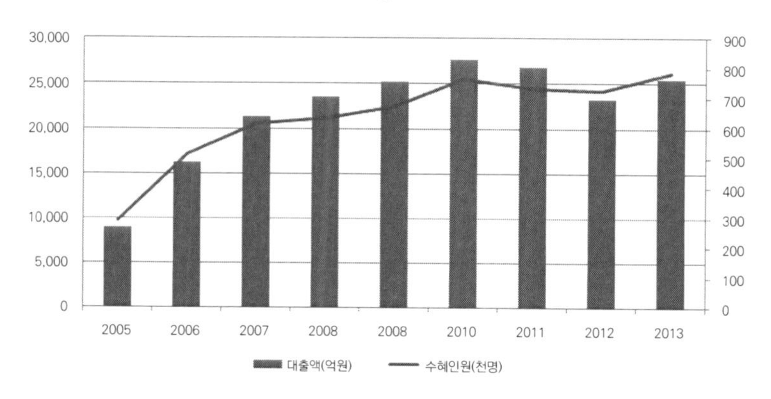

자료: e-나라지표(http://www.index.go.kr)

사적이전은 한국 청년들의 삶에서 매우 중요하다. 그러나 가계소득의 격차에 따라 전반적인 가족복지 또한 점차 약화되고 있다. 이른바 금수저-흙수저론도 이러한 태생적 소득격차를 배경으로 하고 있다. 그 다음이 대출이다. 한국은 청년에게 복지정책과 사회서비스를 제공하는 조력자가 아니라, 청년에게 미래 소득을 담보로 대출을 권하는 대부업자를 선택했다. 그런데 이 대출은 언제나 기준금리보다 훨씬 높은 것으로 나타났다. 즉, 경제적으로 취약한 청년들에게 일종의 약탈적 대출을 실시한 것이다.

세 번째 선택은 아르바이트를 하는 것이다. 최근 한 아르바이트 중개 사이트가 조사한 바에 따르면, 청년들은 알바를 하면서 감정노동(47.6%), 불합리한 요구(47.4%), 이유 없는 화풀이(43.7%), 인격적인 무시(43.3%), 사적인 참견(28.3%), 폭언(27.5%), 감시(27.2%), 막무가내 요구(20.9%) 등을 경험하고 있는 것으로 나타났다(한경닷컴 뉴스팀,

〈표 4.1〉 한국장학재단 학자금대출 금리 및 한국은행 기준금리 변동 현황

(단위: %)

	'05	'06	'07	'08	'09	'10	'11	'12	'13
학자금대출 금리*	6.95	6.84	6.66	7.8	5.80	5.20	4.90	3.90	2.90
한국은행 기준금리	3.75	4.50	5.00	3.00	2.00	2.50	3.25	2.75	2.50

* 각 년도 2학기 학자금대출 금리를 기준으로 함
자료: 한국장학재단(http://www.kosaf.go.kr), 한국은행 경제통계시스템(http://ecos.bok.or.kr)

2015). 이러한 정서적 고통과 함께 이들은 근로계약서 미작성, 최저임금 미지급, 임금 체불, 수당 미지급, 휴게시간 미준수, 부당해고 등 근로기준법의 사각지대에 놓여 있다. 한 알바 사이트의 설문조사에 따르면, 20대 청년들에게 "본인이 선거에 출마한다면 알바생을 위해 어떤 정책을 강조할 것인가?"라는 질문에 35.5%가 "최저임금준수"(한병관, 2016)를 뽑았을 만큼 법정 최저임금을 받지 못하는 청년들도 다수 존재하는 것으로 나타났다(이상준 외, 2013). 최저임금은 말 그대로 최저생활의 보장에 그 의의가 있다는 점에서, 이마저도 제대로 지켜지지 않는 알바 노동시장에서의 청년들의 삶이 얼마나 팍팍한지 상징적으로 확인할 수 있는 대목이다.[2]

2 "1-3개월간 수습기간이라는게 있어요. 이 기간에는 교통비, 식비 등 기본적인 임금만 받고 일했습니다. 이 기간을 무사히 마쳐야 진짜 알바가 되는 거였어요. 사장님도 이런 시간을 거쳐야 너희를 믿을 수 있다고 말씀하시고..."(경기도 A시 지하상가 아르바이트 직원 인터뷰).

3. 청년고용, 무엇이 문제인가?

청년고용의 실상

〈표 4.2〉에서 확인할 수 있듯이, 29세 이하 청년층[3]의 정규직비

〈표 4.2〉 전체 취업자 중 연령대별 정규직 비율 추이(단위: %)

	15-19세	20-29세	30-39세	40-49세	50-59세	60세이상
2003	0.7	19.1	22.5	16.5	7.0	1.7
2004	0.6	17.6	20.7	15.7	6.7	1.7
2005	0.5	16.9	21.0	16.0	7.1	1.8
2006	0.4	16.6	21.3	16.7	7.7	1.8
2007	0.4	15.9	20.5	17.0	8.1	2.1
2008	0.5	15.2	21.5	17.9	9.0	2.2
2009	0.3	14.4	21.3	17.9	9.2	2.0
2010	0.4	13.8	21.4	18.7	10.2	2.3
2011	0.4	13.4	20.7	18.4	10.5	2.3
2012	0.3	13.0	20.8	18.6	11.4	2.4
2013	0.3	12.5	20.5	19.3	12.0	2.8
2014	0.4	12.4	20.0	19.0	12.9	2.9
2015	0.3	12.2	19.6	18.8	13.2	3.3

자료: 통계청. 경제활동인구조사

3 청년층을 정의하기 따라 다를 수 있지만, 이 절에서는 경제활동인구조사를 바탕으로 29세 이하를 청년으로 보고, 취업연령이 높아지고 있는 점을 고려, 경우에 따라 30대를 포함하여 기술하는 것으로 한다.

〈그림 4.3〉 연령대별 실업률 추이

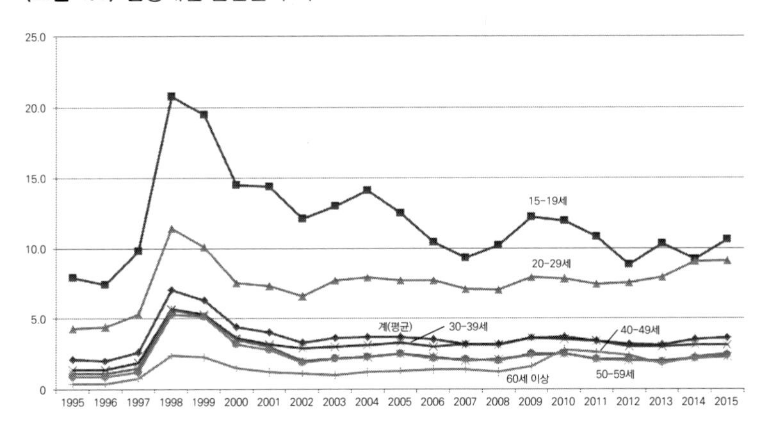

자료: 통계청. 경제활동인구조사(1999년까지는 1주 조사. 2000년 이후는 4주 조사).

율은 매년 축소되고 있으며, 이러한 경향은 30대 역시 마찬가지이다. 반면 40대 이상은 정규직 비율이 매년 상승하고 있다는 점을 알 수 있다. 그나마 2015년 증가한 정규직 취업자 중 청년층의 비율은 9.1%에 불과했고, 30대 역시 8.8%에 그쳤다.

경제활동인구조사를 통해 보면(〈그림 4.3〉), 청년실업문제의 심각성이 근래에 드러난 문제가 아니라는 점을 확인할 수 있다. 97년 이후 대규모 실업의 여파가 30-40대 가장을 중심으로 조명되었기 때문에 오히려 청년층의 실업문제에 대해서는 관심이 상대적으로 소홀했던 것으로 볼 수 있는데, 다른 세대에 비해 높은 청년실업률이 장기간 지속되고 있다는 점을 유의해서 볼 필요가 있다.

실업과 고용불안의 악순환

높아져가는 청년실업 현상은 다시 두 가지 문제를 야기한다. 우선, 세대 간 고용상황의 불균형으로 인해 청년들의 불만이 고조된다. 실업문제가 세대 간에 불균등하게 나타나면서 그 반응이 사회경제적 구조에 대한 문제제기가 아닌 다른 세대에 대한 불만과 반감으로 귀결된다. 둘째, 자녀들이 일자리를 구하지 못함에 따라 더 많은 부모들이 더 오랜 시간 노동시장에 남아 있어야 한다. 즉, 내 아이를 부양하기 위해 제 아이의 일자리를 뺏어야 하는 모순적인 상황이 발생한다. 최근 한국의 정년연장에 관한 갈등에서 확인되듯이 이는 세대갈등, 더 나아가 세대전쟁으로 비화되면서 문제해결을 더욱 난망하게 만드는 덫으로 작동하고 있다.

한편 〈표 4.3〉에서 보듯이 전체 취업자 중 청년층의 비정규직 비율은 낮아지고 있고, 오히려 50대 이상의 비정규직 비율이 높아지고 있다는 사실이 확인된다. 이를 〈표 5.2〉의 결과와 함께 보면 청년층은 다른 세대에 비해 정규직과 비정규직을 막론하고 취업률 자체가 떨어지고 있다는 문제가 확인된다. 그나마 노동시장 진입에 성공했다고 하더라도, 일자리의 질, 즉 임금구조의 문제에 봉착하게 된다.

청년층은 60대 이상과 함께 한국의 저임금 구조를 지탱하고 있다(〈표 4.4〉). 이는 세대 간 고용갈등에도 불구하고, 현재의 고용구조가 지속되는 한 60대 이상의 저임금구조를 청년층이 그대로 대물림할 가능성이 높다는 점을 시사한다.

그렇다면 이토록 청년실업이 심각한 지경에 이른 구조적 원인은 무엇인가? 우선, 한국경제가 저성장국면에 접어들면서 고용창출능

〈표 4.3〉 전체 취업자 중 연령대별 비정규직 비율 추이

	15-19세	20-29세	30-39세	40-49세	50-59세	60세이상
2003년	1.2	8.0	8.0	7.5	4.6	3.2
2004년	1.0	8.8	9.8	8.8	5.1	3.5
2005년	1.1	8.3	9.2	9.1	5.3	3.6
2006년	0.9	7.4	9.0	8.6	5.5	4.0
2007년	1.0	7.2	8.7	8.8	6.0	4.2
2008년	0.8	6.8	7.9	8.3	5.9	4.1
2009년	0.9	6.7	7.2	8.5	6.3	5.3
2010년	0.9	6.3	6.5	7.9	6.6	5.2
2011년	0.9	6.2	6.6	8.1	6.9	5.5
2012년	1.1	5.7	6.2	7.7	6.9	5.7
2013년	1.0	5.7	5.8	7.2	7.1	5.8
2014년	1.0	5.8	5.6	6.9	6.8	6.3
2015년	1.0	5.8	5.3	6.6	7.0	6.8

자료: 통계청. 경제활동인구조사.

력이 떨어졌다는 점을 들 수 있다. 투자 및 소비 수요가 감소함에 따라 신규투자가 줄어들었고 이에 따라 신규인력을 고용할 유인이 사라졌다. 둘째, 일자리 미스매치(mismatch)의 문제다. 한국의 경우 대기업과 공공부문의 일자리 비중은 극히 적고 대부분의 일자리는 중소기업에서 만들어진다. 그러나 임금과 처우, 안정성 등의 이유로 대다수의 젊은이들은 대기업 일자리를 선호하고 중소기업에는 잘 가려고 하지 않는다. 이에 따라 중소기업은 인력난에 시달리지만 대기업과 공공부문 채용에는 수십 대 일 또는 수백 대 일의 경쟁률을 보인다. 이렇게 보면 미스매치 문제가 청년세대의 과도한 눈높이에 따른

〈**표 4.4**〉 연령대별 저임금노동자 비율(중위임금의 2/3, %)

	전체	15-19세	20-29세	30-39세	40-49세	50-59세	60세 이상
2003년	21.6	73.0	19.4	13.4	20.0	27.7	60.0
2004년	26.0	77.5	24.9	16.8	23.9	30.9	67.6
2005년	24.8	79.0	22.9	15.8	22.3	30.6	65.5
2006년	26.3	87.4	24.0	16.2	23.9	32.5	70.6
2007년	25.7	89.7	23.2	15.1	22.8	32.0	67.5
2008년	21.2	83.5	18.1	11.7	18.4	26.8	62.2
2009년	22.8	83.4	19.4	12.1	20.2	26.7	65.0
2010년	26.7	85.0	24.1	14.4	23.5	32.2	69.2
2011년	26.1	87.9	25.3	12.6	21.3	31.3	69.7
2012년	23.7	86.8	23.3	11.0	19.0	26.4	65.0
2013년	21.3	80.8	21.5	9.5	16.0	22.9	60.7
2014년	24.5	84.3	26.7	11.1	17.9	25.8	63.7
2015년	25.5	86.6	27.5	11.5	18.4	26.8	63.5

자료: 경제활동인구조사 근로형태별 부가조사(8월)

지극히 개인적인 문제인 것 같지만 실은 정부의 대학정책, 노동시장의 이중구조, 그리고 대기업과 중소기업 간 기업복지 격차에 기인하는 당사자들의 합리적 반응이라는 점을 유념할 필요가 있다. 앞서 언급했듯이 대학입학부터 취업준비생 모드로 졸업까지 유예해가며, 막대한 비용을 감당했던 청년들에게 단순히 기대를 낮추고, 자아를 실현하라는 주문은 희망고문과 다름없기 때문이다. 더군다나 청년세대들이 자기 눈높이만을 고집하는 것도 아니다. 장기 실업난이 계속되면서 청년들이 기대하는 임금수준을 낮추는 등의 방식으로 하향취업하는 경향이 가시화되고 있다(이찬영, 2008).

여기에 1년 이하의 단기계약직의 비중이 점차 증가하고 있고, 비정규직이 정규직이 되는 경우는 점차 줄어들고 있다. 이는 고용불안정성이 지속적으로 확대·심화되는 경향이 나타나고 있다는 것으로, 청년층의 첫 일자리 계약기간이 1년 이하인 경우가 2006년에는 8.7%였지만 2014년에는 14%로 증가했고, 첫 일자리 평균근속기간도 2004년에 20.8개월에서 2014년에는 17.9개월로 짧아졌다(박진희 외, 2015). 한편 2014년 현재 비정규직에서 정규직으로 전환한 비율은 26.3%, 비정규직을 계속 유지하는 비율 43.9%로 나타났다(이지은, 2015). 이는 OECD국가 중 가장 높은 비율이며 노동시장 이중구조가 점점 고착화되고 있다는 것을 의미한다.

사회적 재생산의 단절

이렇게 근속기간이 짧아지면 적절한 숙련을 쌓을 기회가 줄어들면서 안정적인 일자리 찾기가 점점 더 어려워지며 미래에 대한 설계가 사실상 불가능하게 된다. 결국 결혼과 출산 등을 포기하거나 유예하는 상황이 발생한다는 것을 의미한다. 이는 이미 우리에게 익숙해진 저출산과 비혼/불혼 현상으로 나타나는데, 바로 사회의 재생산 위기와 연동되는 문제이기도 하다. 물론 비혼현상은 저출산의 한 가지 원인에 불과하다는 점에서, 그리고 안정적인 일자리 부족 때문에 발생하는 현상만은 아니라는 점에서 이를 사회적 재생산위기 문제가 직결시켜 생각할 수는 없다. 그럼에도 저출산 문제가 경제 및 고용불안과 함께 일과 양육을 함께 할 수 없는 사회적 시스템과 정책미비에 대한 청년세대의 자연스러운 반응이라는 점은 분명하므로, 이는 큰 틀에서 봤을 때 청년세대의 불안정한 고용현실과 무관하지 않다. 큰 틀에서는 청년세대의 불안정한 고용현실과 무관하지는 않을 것이다.

약 200년 전 맬서스(Thomas R. Malthus)는 인구증가에 따른 디스토피아를 경고하면서 빈곤층의 생산능력을 넘어선 다자녀출산을 사회악으로 비판하고, 이에 대한 도덕적 억제를 강조했다. 하지만 지금처럼 청년세대의 고용불안이 이어진다면 한국에서는 맬서스가 생각지 못한 정반대편의 디스토피아를 경험하게 될지도 모른다. 지금도 많은 청년들이 스스로 생물학적 재생산의 욕구와 욕망을 억제하고 있기 때문이다.

4. 정치와 청년세대

기성정치의 세대갈등 동원

지금까지 주로 청년 일자리 문제에 초점을 맞췄지만, 청년문제의 양상은 보다 다층적이고 복합적이다. 소득, 자산, 교육, 제도, 건강 등 다양한 층위의 문제들이 중첩적으로 나타남에 따라 좀 더 정교한 분석이 요구된다. 즉 청년문제의 모든 원인과 대안을 세대 간 불평등이라는 현상에 기반한 세대갈등의 프레임으로만 해석한다면 현실을 제대로 이해하지 못할 수 있다. 여러 연구에서 세대 간 상보성에 관해 밝힌 바 있고, 특히 한국처럼 노인빈곤이 심각한 사회에서 세대 간 불평등을 현상이 아닌 프레임으로 보는 것은 폭력적 결과를 야기할 수 있기 때문이다. 특히 일부 언론과 정치권, 지식인들이 이러한 프레임을 적극적으로 활용하고 정치화하고 있다는 것과 이것이 일정부분 사회적으로 인정되고 수용되는 양상(박재흥, 2010)을 보이는 것은 매우 우려스러운 일이다. 한 외국인 기자는 한국의 세대불평등에 의한 세대갈등을 '지역주의 2.0'이라고 명명(다니엘 튜더, 2016)하는데, 과거 지역주의를 통한 권력의 '분할통치전략'이 지금 세대갈등이라는 새로운 형태로 재현되고 있다는 것이다.

사실 다른 문제도 마찬가지이지만, 청년문제를 해결하기 위해서는 어느 때보다 정치의 역할이 중요하다. 여러 해외사례에서 경제적 구조변동에도 불구하고 정치의 차이가 결과의 차이를 가져왔음을 목도했기 때문이다(전영수, 2013; 박종훈, 2015).

그런데 정작 사회통합에 앞장서야 할 한국의 정치세력들은 세대갈등을 오히려 증폭시키고 활용하는 모습을 보이고 있다. 연금을 포함한 복지 및 조세 정책과 같이 누가 더 부담하는 것이 맞는지에 대한 형평성의 문제와 누가 더 받을 것인지에 대한 분배의 문제에 대해 정책을 수립하기 이전에 담론투쟁의 일환으로 세대불평등과 갈등을 활용하는 것이다. '불효', '효도', '패륜' 등의 용어들을 정치적 수사로 동원하는 것이 대표적인 사례다.

보다 근본적으로는 정치권이 앞서서 세대불평등을 강화하고 갈등을 첨예화하는 정책을 입안하고 집행한다는 데 있다. 예를 들어, 지난 3년간 발의된 노인 관련 법안이 청년 법안의 약 3.7배에 달한다는 언론보도가 있었다(김동환, 2014). 최근 20대 총선에서도 새누리당은 노인공약추진단(행복실버단)을 만들겠다고 발표했고 더불어민주당과 국민의당은 더 많은 예산을 노인공약에 배치했다. 실업문제에 대응하기 위한 정부 주도 일자리창출사업의 예산과 프로그램에서 청년들의 비중이 노인들에 비해 현격하고 적고, 그 안에서도 기준의 모호성으로 인해 청년이 아닌 중고령자의 참여가 더욱 높은 것으로 나타나는 등 곳곳에 정책이 만들어내는 불평등의 양상이 확인된다(이재경 외, 2015). 그 결과, 인구구조에서 65세 노인과 20대 청년의 수는 비슷한데, 예산배분은 청년세대가 노인세대의 1/5에 불과한 매우 불균등한 상황이 나타났다.

실버민주주의

정치가 문제를 해결하기보다는 오히려 갈등을 조장하고 세대불평등을 강화하는 이런 모습은 '실버민주주의'(silver democracy)라는 개념을 통해 적절히 포착된다. 실버민주주의란 세계적으로 고령화가 진행됨에 따라, 인구의 다수를 차지하는 노인집단이 정치를 좌우하는 현상을 설명하기 위한 개념이다(우치다 미츠루, 2006).[4] 실버민주주의를 이해하는 가장 좋은 사례는 이웃 나라 일본이다. 일본은 고령화 쇼크를 경험하면서 1985년 이후 약 30년 만에 65세 이상 인구가 차지하는 비중은 10%에서 25%까지 증가했고, 2060년에는 약 40%에 다다를 것으로 예측되고 있다. 이에 따라 노인 유권자의 비중도 점차 늘어나게 되며 노인의 투표율이 상대적으로 다른 연령에 비해 높기

4 실버민주주의는 장로정치(gerontocracy)와 시니어정치(senior politics)라는 다른 용어와 혼용되는 경향이 있다. 전자는 청년들을 착취하고 노인 자신들의 이익만을 챙기는 부정적인 정치현상을 설명하기 위해, 후자는 세대 간 평등의 문제를 고민하는 인생 선배라는 긍정적인 의미를 가지는 것으로 사용된다. 그러나 아직은 학문적으로 명확하게 분리되는 것이 아니기 때문에 이 글에서는 실버민주주의로 통칭한다.

때문에 선거 결과에 미치는 영향력은 더욱 커진다. 예를 들어, 일본의 2012년 총선거에서 60대 유권자는 수적으로 20대 유권자의 2.9배였고, 투표율로 계산하면 여기에 다시 2배 이상으로 늘어남에 따라 실제 투표자는 60대가 20대의 5배에 달했다(손열, 2014). 이런 정치적 조건에서 일본의 복지정책은 철저하게 노인에게 유리한 방향으로 전개되었다. 예를 들어, 일본의 65세 이상 인구에 대한 정부재정지출은 2004년 이전보다 세 배 이상 높아졌으며, 지금도 계속해서 상승하는 추세에 있다. 반면, 가족이나 청년 관련 재정지출은 상대적으로 거의 증가하지 않았고 공적인 의제가 되지 못했다(Harney, 2013). 일종의 무의사결정(non-decision making), 즉 명확한 정책결정으로 가시화되지는 않지만 다수의 암묵적 동의하에 특정집단에 유리한 정책이 결정되는 상황에 놓이게 된 것이다.

한국에서도 이와 유사한 상황이 나타나고 있는데, 청년들은 인구구조에서 점차 소수가 되고 있고 투표율도 중고령층에 비해 낮은 수준이다.

최근 20대 총선에서는 이른바 20-30대의 '분노투표'(angry voting)가 화제가 되었고, 그동안 여론조사를 통한 예측이 빗나가는데 매우 중요한 이유 중 하나로 거론되고 있다. 그렇지만 이는 일시적인 현상에 그칠 수 있다. 우선, 인구구조에서 청년들은 점점 소수가 되고 있다. 이번 선거의 전체 유권자 4,205만 명 가운데 20대는 671만 명으로 4년 전보다 비중이 0.5%포인트 더 낮아졌다. 투표율을 대입할 경우 선거에 미치는 영향력은 더 줄어든다. 20대 총선의 경우 20-30대의 투표율이 크게 올랐지만, 인구구조상 청년들의 비율은 점점 낮아지고 있다. 50대 이상의 높은 투표율과 비교했을 때 그 비중은 더욱

〈표 4.5〉 한국의 16·17·18대 대선 선거인 연령별 현황(단위: 명, %)

		20대	30대	40대	50대	60대 이상
16대	선거인수	8,106,862	8,790,697	7,844,964	4,527,243	5,721,763
	비율	23.2	25.1	22.4	12.9	16.4
17대	선거인수	7,930,379	8,627,865	8,479,249	5,811,899	6,804,126
	비율	21.1	22.9	22.5	15.4	18.1
18대	선거인수	7,330,714	8,155,003	8,813,045	7,780,332	8,428,748
	비율	18.1	20.1	21.8	19.2	20.8

※ 각각 연령별 인구수 및 전체 인구수 대비 비율을 나타냄.
자료: 선거관리위원회(http://www.nec.go.kr)

줄어들 것이라고 예측할 수 있다. 이런 실버민주주의의 양상은 유권자뿐만 아니라 선출직에서도 나타나는데, 19대 총선 결과 45세 미만 국회의원 비율은 6.3%(OECD 평균 32.1%), 40세 미만은 2.3%(OECD 평균 19%), 30세 미만은 0%(OECD 평균 2.8%)로 OECD국가 중에서 청년의원비율은 꼴찌였다(김양순, 2016). 이런 현상은 20대 국회에서 더욱 강화되고 있는 것으로 나타났다. 19대 총선에서 나름 이슈가 되었던 청년비례대표는 20대 총선에서 흐지부지되었고, 총선 결과 20-30대는 20대 1명, 30대 2명이 국회에 입성하는 것에 그쳤다. 이런 상황은 이른바, "인지포획"(cognition capture)의 문제를 야기한다. 쉽게 말해, 노인들이 많은 국회에서 비슷한 생각을 가진 의원들에 의해 노인정책이 더 자주, 그리고 더 쉽게 다뤄질 가능성이 크다는 점이다.

물론 모든 세대에서 가장 심각한 사회문제로 청년실업과 주거 등 젊은 세대의 문제를 꼽고 있다는 점에서 기우일 수도 있겠으나, 세대를 반영하지 못하는 현재의 고령화된 정치가 분명한 한계를 노정할 수밖에 없다는 점은 분명하다.

5. 청년정책, 제대로 하자.

계급 밖 계급, 청년세대

이상에서 살펴 본 바와 같이 일자리, 주거, 연금, 소득, 복지, 경제불황 등 모든 불평등 관련 이슈에서 청년들은 거의 언제나 패자(loser)였다. 한국 청년들이 점점 사회의 변두리로 밀려나고 있는 것이다. 영국과 미국에서는 이처럼 공식적인 사회체제에서 배제된 사람들을 일컬어 '밑바닥계급'(underclass)이라는 용어로 규정하기도 한다. 1918년 자본주의체제의 특수층(overclass)에 억압받는 다수를 일컫는 말로 처음 등장한 이후, 스웨덴 복지국가의 중요한 이론가인 뮈르달(Gunnar Myrdal)은 자본주의의 기술진보에 의해 해고된 잉여노동자들을 가리키는 말로, 복지제도를 통해 이들을 보호해야 한다는 의미로 썼다(Gans, 1993; MacDonald 1997: 4). 즉 서구 자본주의의 발전의 또 다른 결과인 실업자와 빈곤층이 노동시장의 진입을 준비하는 단순한 산업예비군이 아니라, 하나의 독자적인 계급영역을 구축하고 있기에 복지의 또 다른 정책적 고려대상이라는 점을 강조하기 위한 것이었다. 하지만 정작 이 용어가 대중화된 것은 1977년 타임(Time)지가 도시 게토지역의 청소년과 소수자들의 약물남용, 범죄, 임신 등이 중산층뿐만 아니라 다수의 저소득층까지도 위협하는 대상으로 등장하고 있다고 보도하면서부터였다(Katz, 1993: 4). 이렇듯 밑바닥계급은 주로 보수우익들에 의해 청년과 흑인을 비롯한 유색인종의 나태함, 패배주의, 일탈 등을 공격하기 위한 사회병리적 현상으로 설명되었고, 낙인효과를 동반했다.

이와 유사한 상황이 2000년대 한국에서 나타나고 있다. 오늘날 한국청년들의 밑바닥계급화도 그들의 나태함과 눈이 높아서라기보다는 더 이상 성장과 개발을 통해서 고용문제를 해결할 수 없는 글로벌 신자유주의 체제 속의 구조변화에 더 큰 원인이 있다. 공고화되고 있는 저성장체제, 정규직과 비정규직 간 이중화된 노동시장, 노동시장의 수요와 공급 불일치에서 오는 미스매치 문제 등으로 인해 현재 주변적인 삶을 사는 것이 오늘날 한국의 청년들이다. 이는 물론 비단 한국만의 현상이 아니라 세계적 차원에서 전개되고 있는 현상(피터 보겔, 2016)이지만, 국가와 정치, 그리고 시민사회의 관계와 역할에 따라서 그 대응과 결과도 다르다는 점 또한 분명하다.

문제는 정책이다

세대 간 불평등이 갈등의 정치과정을 거쳐 동의와 합의의 정치적 결과를 낳지 못하고 오히려 편향된 정책을 통한 불평등의 공고화로 연결되면서, 청년문제의 해결은 점점 요원해지고 또한 세대불평등은 심화되는 악순환을 거듭하고 있다. 해결의 기미가 보이지 않는 이러한 상황 속에서 최근의 금수저-흙수저 논의는, 사회적으로 청년문제 해결이 어렵다는 패배주의와 죽은 개 취급을 받았던 구조적 계급문제의 부활, 그리고 부의 대물림에 대한 청년세대의 적개심이 복합적으로 착종되어 나타나는 사회적 담론이라고 할 수 있다.

서구 복지국가의 역사를 통해 알 수 있듯이, 정치와 정책은 얼마든지 불평등을 완화하고 청년들의 일자리 문제를 해결하는 데 기여할 수 있다. 예를 들어, 독일의 경우 근로시간단축을 통한 일자리 나누기로 청년들의 일자리를 늘렸다. 정부는 근로시간단축에 따른 소득축소를 보조했고 최근에는 최저임금제를 도입했다. 한국처럼 대졸초임을 깎는 형태, 즉 청년에게 부담을 지우는 방식이 아니라 기성세대가 부담을 나누는 것이었다. 대졸초임을 깎아 추가적인 일자리가 얼마나 만들어졌는지는 알 수 없다. 확실한 것은 이것이 기업들의 임금부담을 줄여줬다는 것이다. 또한 기존의 노동조합운동도 현재 청년세대문제에서 자유롭지 못하다. 기성세대는 정규직 노조를 통해 자신들의 고용안정성을 확보하고 불안정성은 젊은 세대의 몫으로 돌렸다. 사실 기업이나 노조는 세대론의 관점에서 보면, 기성세대의 조직이라는 공통점을 가진다. 이들은 계급갈등은 제쳐둔 채 자신들의 이익만을 챙기면서 거기서 파생한 사회적 부담은 젊은 세대에게 떠넘기며 노동의 사회적 의무를 방기했다. 이를 노동과 자본의 동맹이라고 규정한다는 것이 지나치다고만 할 수 있을까? 노조와 야당을 중심으로 반발하고 있는 정부의 노동개혁이 개악이라고 할지라도, 일자리 창출에 도움이 된다면 찬성하고 싶다는 청년들을 비판의 도마 위에 올려놓을 수만 있을까? 무엇보다 청년일자리 창출을 위한 사회적 타협이 우선되어야 한다. 또한 청년세대를 위한 공적이전지출을 늘려야 한다. 시작에 불과하지만 최근 지자체(서울시와 성남시)를 중심으로 등장하는 청년수당과 같은 제도도 확산되어야 한다. 또한 정치적으로도 이들을 대표할 수 있는 제도와 사회적 인식의 전환 및 그 결과로서의 사회적 연대가 구축되어야 한다. 결국 한국사회에 존재하는 불평등 요소라는 요소는 거의 짊어지고 있는, 난마처럼 얽히고설킨 청년세대의 문제를 풀기 위한 방법은 새로운 제도와 시스템, 그리고 이를 지탱하는 사회적 연대를 통해 기존의 구조를 하나하나 대체해 가는 것부터 시작해야 한다.

제5장

한국경제에서의 불평등 증가와 성장패러다임의 전환

1. 불평등과 경제성장

불평등과 경제성장의 관계에 대해서는 매우 많은 논의와 연구들이 있다. 고전적으로는, 경제발전 초기에는 경제성장에 따라서 불평등이 증가하지만, 일정한 발전단계를 넘어서면 불평등이 줄어든다는 경제발전학자인 쿠즈네츠(Simon Kuznets)의 해묵은 주장이 있다. 그러나, 1980년대 이후 꾸준히 세계경제가 성장했음에도 불구하고 불평등은 줄어들지 않았다. 오히려 증대된 불평등이 경제성장을 억제한다는 연구 결과들이 주류 경제학계 내에서도 정설로 자리 잡아가고 있다.

경제협력개발기구(OECD)의 최근 연구 결과(Cingano, 2014)에서는 경제성장에 가장 부정적인 영향을 미치는 것은 저소득, 중하위계층,

여타 계층 간 불평등이라는 분석이 제출되었다. 국제통화기금(IMF)도 2015년 '소득 불균형의 원인 및 결과(Cause and Consequences of Income Inequality: A Global Perspective)'라는 보고서에서 '낙수효과(trickle-down effects)'에서 말하는 부의 분배는 틀린 논리라고 밝혔다. 오히려 경제성장의 소득분배 효과는 나타나지 않고 있으며, 낙수효과를 지향하는 경제정책들이 경제성장을 가로막는다고 분석하였다. 150여 국가의 사례를 분석한 결과, 상위 20% 계층의 소득이 1% 포인트 증가하면, 이후 5년의 성장이 연평균 0.08% 포인트 감소하고, 오히려 하위 20%의 소득이 1% 포인트 늘어나면 그 기간에 연평균 성장이 0.38% 포인트 증가한다는 것이다.

우리나라의 경우에도, 2000년대 중반 이후 불평등은 늘어나고 경제성장률은 낮아지는 현상이 나타나고 있다. 2003-2007년간 평균 경제성장률은 4.3%, 2008-2012년간 평균 경제성장률은 2.9%이었고, 2012년 이후에도 경제성장률 3%를 회복하지 못하고 있다. 이에 불평등과 빈곤을 완화하여, 불평등이 성장과 고용을 저해하지 않는 새로운 성장 패러다임을 모색하는 것이 우리 사회의 가장 중요한 의제로 등장하고 있다.

한국에서 불평등은 앞의 제1장에서 검토했듯이, 매우 다차원적이고 복합적인 형태로 나타나고 있다. 한편으로는 빈곤층과 저임금노동이 높은 비중을 유지하면서 동시에 상위 10%의 소득 비중이 지속적으로 증가하고 있다. 소득의 양극화 현상이 나타나고 있고 중산층이 감소하고 있는 것이다. 이러한 불평등 구조에는 이른바 이중구조의 문제가 내재되어 있다. 즉, 한국에서 불평등을 초래하는 일차적인 요인으로는 경제 구조의 이중화의 문제라고 할 수 있다.

경제구조의 이중화는 대기업과 중소기업 간 경제력의 이중화와 기업들의 유연화 전략에 따른 고용 형태의 이중화로 나타나고 있다. 즉, 대중소기업 간 격차 문제와 비정규직화 문제이다. 경제구조의 이중화가 초래하는 노동의 이중화와 복지의 이중화가 한국 사회의 불평등 문제의 핵심이라고 할 수 있다.

한국 사회의 불평등 심화는 일차적으로 소득에서, 소득 중에서도 노동소득에서 발생한다고 할 수 있다. 따라서 노동시장에서의 균열선은 전체 한국 사회의 불평등을 구조화하는 일차적인 요인이다. 노동소득에서의 핵심적인 균열선은 대기업과 중소기업, 정규직과 비정규직 사이에 있다. 이미 앞의 제2장에서 검토했듯이, 고용 불안과 임금 소득에서의 대기업-정규직 근로자와 중소기업-비정규직 근로자 간의 격차는 계속 커지고 있다..

이러한 노동시장에서의 격차는 사회적 보호와 교섭력, 그리고 사회적 발언권의 격차와도 밀접하게 연계되어 있다. 대기업 정규직의 사회보험 가입률은 90%를 넘는 반면, 중소기업 비정규직의 경우 30% 수준에도 미치지 못하고 있다. 또한, 대기업 정규직의 노동조합 조직률은 60%에 달하고 있음에도 중소기업 비정규직의 경우 3%대의 조직률에 불과하다. 이러한 노동시장에서의 이중화는 단순히 시장과 기술의 결과가 아니라 정치와 제도, 그리고 이해관계자들의 전략적 행위의 결과다(Emmenegger et. al., 2012). 우리나라의 경우에도, 노동시장에서의 이중화는 단체교섭구조와 취약한 사회적 보호에 의해 더 강화되고 있다. 대기업 중심의 기업별 노조를 기본 특징으로 하는 한국의 노사관계와 단체교섭구조는 노동시장에서의 이중화를 억제하는 데 한계를 나타내고 있으며, 정규직을 대상으로 하는 사회보험 중심의 사회적 보호 체계는 노동시장에서의 격차를 더 확대하고 있기 때문이다.

그러나 노동시장에서 이중화의 일차적인 요인은 경제구조의 이중화와 이에 기초한 대기업의 전략적 행위이다. 즉, 노동시장에서의 대기업-정규직과 중소기업-비정규직의 격차는 대중소기업 간 경제력 격차와 내수-수출의 불균형이라는 한국경제의 이중화에 그 물적인 토대를 가지고 있으며, 이는 대기업들의 자동화-아웃소싱-유연화 전략에 기초하고 있다. 이러한 경제구조의 이중화는 한국 경제의 수출-부채 주도 성장체제의 결과라고 할 수 있다. 따라서 불평등을 완화하여 지속가능한 성장을 유지하기 위해서는 한국경제의 성장패러다임의 전환이 요구된다.

2. 수출-부채 주도 성장의 한계

1990년대 중반 이래 20여 년간의 한국경제의 성장패러다임은 주로 중국을 대상으로 하는 수출에 의존하는 수출 주도형 성장체제였다고 할 수 있다. 1960년대 이래 20여년 간 미국에 대한 수출에 의존하는 성장체제를 1차 수출 주도 성장체제라고 한다면, 1990년대 중반 이후의 성장은 중국대상의 2차 수출 주도 성장체제라고 할 수 있다. 이를 나타내는 대표적인 통계적 사실로 무역의존도(GDP 대비 수출과 수입의 비중)가 1980년대 후반 50% 수준에서 2010년에는 100%를 넘어섰고, 핵심적인 수출 대상국도 미국에서 중국으로 바뀌었다.

수출 주도 성장체제의 약점은 대외부문이 가지는 근본적인 불확실성 때문에 안정적인 수요를 보장하지 못한다는 데 있다. 이러한 수출 주도성장체제가 가지는 불안정성을 보완하기 위한 것이 건설투자와 개인금융에 기초한 내수 정책이다. 건설을 중심으로 하는 개발주의와 외환위기 이후 확대되기 시작한 개인금융에 기초한 부채 확대를 통해 내수를 부양하는 정책이다. 수출 부진에 따른 경기 부진의 조짐이 보일 때마다, 정부는 규제 완화를 통해 건설경기 부양을 추진하였으며, 외환위기 이후 한국의 금융기관들은 부동산 매입을 지원하는 개인금융에 집중하였다. 반면, 경기불황 시에 사회지출이 확대되는 자동안정장치는 거의 작동하지 않았다.

이러한 성장체제는 경제성장의 수요적 기반을 내수(소비나 투자)가 아닌 수출에 의존한다는 측면에서 수출 주도 성장체제라고 할 수 있고, 공급 측면에서는 자동화와 외주화(outsourcing), 그리고 그에 따른 숙련·노동의 배제를 특징으로 하는 조립형산업화 공급체제라고 할 수 있다. 1990년대 우리나라 대기업들은 세밀하고 정교한 인적자원 형성과 노사관계 구축이라는 어려운 길을 선택하지 않았다. 급속히 성장하고 있는 중국을 비롯한 개도국들의 광대한 시장이 있었기 때문에, 고숙련인력과 협력적인 노사관계에 기초한 모델을 구축하는 대신 숙련과 노동을 대체하기 위한 자동화를 급속히 추진하였다. 제조업 취업자 1만 명당 산업로봇의 수는 350대를 넘어서 2013년 일본을 추월하였다. 제조업의 자동화 수준은 세계에서 가장 높은 수준을 달성하였다. 그 결과는 노동과 숙련의 배제였다. 동시에 대기업들은 장기적인 관점에서 부가가치를 창출하는 기업 네트워크를 창출하기보다는, 기업 내 많은 부분을 외주화하고 이들을 단가 인하의 수단을 활용하는 시스템으로 대거 전환하였다.

결국, "한국경제의 90년대 이후 2차 수출 주도 성장체제는 단순히 특정한 수요체제라기보다는 제조대기업 주도의 조립형산업화라는 생산체제와 동아시아 생산 분업구조라는 지경학적 조건에 기반을 두고 있다. 이는 글로벌가치사슬과 관련된 외주화, 자동화, 숙련과 노동의 배제를 극단화하는 공급주도성장체제이며, 한국-중국-일본의 생산분업체제하에서 중국의 고도성장에 의존하는 수출 주도 성장체제이다. 이러한 수출 주도 성장체제는 외환위기 이후 한국경제의 성장을 주도하였지만, 대내적으로는 연관효과(이른바, 낙수효과, spillover effecfs)를 약화시켰으며, 수출과 내수의 격차, 기업소득과 가구소득의 격차, 생산성과 소득의 괴리('임금 없는 성장'과 노동분배율의 하락) 등 불균형과 불평등의 문제를 심화하였고, 대중소기업 간 격차와 노동시장의 이중화(대기업정규직 vs 중소기업비정규직)를 초래하였다"(전병유·정준호, 2015).

더욱이, 이러한 이중구조에 기초한 한국 경제가 최근 저성장 국면으로 진입할 가능성이 높아지고 있다. 한국경제는 2012년 이후 4년 연속 3% 미만의 저성장이 지속되고 있다. 내수가 위축될 대로 위축되어 있는 상태에서 수출 둔화는 저성장으로 나타나고 있다. 중국의 성장 둔화와 글로벌 공급체인 전략의 성숙화로 세계 경제의 수요와 교역 증가세가 크게 둔화되고 있기 때문이다.

규제완화를 위한 부동산 경기의 인위적인 활성화는 경기를 활성화 시키기보다는 가계 부채의 증가를 유발해 오히려 소비의 위축을 초래하고 있다. 가계부채는 2010년에 이미 1,000조 원을 넘어서 가처분소득 대비 가계부채 비율이 OECD의 최고 수준인 150%대에 근접해가고 있다. 여기에 고령화와 투자 감소 등으로 성장 잠재력이 하락하고, 자산시장의 침체로 인한 디플레이션 등으로 일본형 장기불황으로 이어질지 모른다는 우려도 제기되고 있다.

3. 내수-소득 주도 성장의 필요성과 가능성

불평등과 저성장이 공존하는 현재 한국경제의 거시경제적 상황은 소득(임금)주도 성장의 필요성을 제기한다. 최근 기존 성장체제의 구조적 문제점과 정책실패에 대한 새로운 패러다임을 모색하는 가운데, 가장 주목할 만한 변화는 소득분배에 대한 중요성을 재확인하는 것이었다. 그 대표적인 것이 바로 소득주도 성장(income-led growth)론이다. 세계적으로 노동소득분배율은 신자유주의가 본격화한 1980년대부터 지속적인 하락세를 보였다. 노동소득분배율의 변화는 임금성장율과 노동생산성 증가율의 차이에 기인한다는 점에서 노동소득분배율이 하락하고 있다는 것은 두 가지 요소 간의 차이, 즉 노동생산성을 임금증가가 따라가지 못한 데 따른 격차의 확대를 의미한다. 이러한 측면에서 기존의 소득분배정책이 일반적으로 재분배에만 초점을 두었던 것에 반해, 소득주도 성장론은 노동시장에서의 일차적 소득분배를 강조하는 것이다(이상헌, 2014).

2016년 들어와 중국은 이미 6%대의 중성장 기조를 공식적으로 천명하였고, 2008년 글로벌 금융위기 이후 선진국들도 개도국에 대한 과도한 수입 의존을 계속 조정하고 있다. 또한 세계경제 자체가 장기침체 국면으로 접어들 것이라는 장기침체론(stagnation)도 제기되고 있고, 고령화가 진행되면서 자산 가치의 지속적 상승은 더 이상 가능하지 않다는 전망도 나오고 있다. 1998년과 2008년 사이 선진국의 연평균 성장률은 약 3% 정도였지만 금융위기 이후 1%로 떨어졌다. 이에 대해 서머스(Summers, 2014)는 이것이 일시적 현상이 아니라 장기 침체로 갈 것으로 전망하고 있다(secular stagnation). 이는 미국을 비롯한 글로벌 경제의 부진이 충격에 따른 일시적 현상이 아니라 만성적 수요 부족, 즉 투자 감소와 과소 고용 등에 기인한다는 것이다. 호크만(Hoekman, 2015)도 세계교역이 장기적으로 감소할 것으로 전망하고 있다. 2008년 글로벌 위기 이전까지 세계경제의 교역 증대는 중국과 동구권의 세계경제로의 편입과 글로벌 가치사슬의 정교화에 기인하는 것이었지만, 중국경제 성장세의 둔화 및 글로벌 가치사슬 전략의 수확체감, 글로벌 금융위기 이후 각국 정부의 국내 산업 지원과 내수 확대 추구 등으로 세계교역의 증가세는 둔화된다는 것이다.

결국, 중장기적으로 한국경제도 수출보다는 내수를 더 강조하는 방향으로, 대내적 불평등을 완화하여 내수를 촉진하는 방향으로 성장 정책의 전환이 필요하다. 수출주도 성장체제는 개방을 전제로 하고 있어 경제의 불확실성과 불안정성이 내재화되어 있으며, 수출이 성장을 견인하지 못할 경우 이러한 불안정과 불균형은 더욱 심화될 것이다. 중국에 의존하는 대기업 주도의 수출체제와 부동산 부양을 통한 부채의존형 내수 체제의 결합 모델은 장기적으로 지속가능하지 못할 것이다. 따라서, 수출 주도 성장체제에서 기인한 거시경제적인 불균형을 시정하기 위해서는 내수-소득 주도 성장체제로의 전환, 적어도 수출과 내수의 균형이 필요하다.

다만, 소득주도 성장론이 장기적으로 지속가능하기 위해서는, 수요(내수) 창출이 생산성을 동반하는 구체적 메커니즘이 확보되어야 하고, 임금과 생산성의 선순환을 구축하기 위한 사회적 합의의 능력이 구축되어야 한다. 왜냐하면 소득주도 성장론은 소득분배의 형평성을 유지함으로써 안정적인 소비 및 투자 수요를 창출해나가는 것을 핵심으로 하기 때문이다(이상헌, 2014). 동시에 금융화로 인해 강화된 자산의 영향력을 완화하고 자산 버블이 존재한다면 이를 면밀하게 관리하여 연착륙할 수 있도록 해야 한다.

우리나라에서 1차와 2차 수출주도 성장체제 사이, 즉 1980년대 중반과 1990년대 중반에 내수주도 성장체제가 작동한 적이 있었다. 이 시기에는 소득 불평등이 감소하고 노동소득분배율이 증가하고 실질임금의 증가가 이루어졌으며 소비의 성장기여도가 높고 무역의존도가 상대적으로 낮았다. 하지만 이러한 내수 주도 성장은 오래가지 못하였다. 그 요인으로 사회적 분업수준이 낮고 약한 중소기업을 배태한 조립형 생산체제, 중국효과가 강력한 힘을 발휘하여 국내연관보다는 글로벌 전략의 이점을 활용하는 것이 용이한 동북아 분업구조, 그리고 양호한 '임금-생산성 연관체제'를 창출하기 위한 사회적 합의 도출 실패 등을 꼽을 수 있다. 특히 사회적 합의의 경험 부재 및 조정 능력의 한계는 내수 주도 성장체제의 거시경제적인 정합성을 지속가능하게 못하게 했다(전병유·정준호, 2015).

소득주도 성장정책이 현실적이고 지속가능하기 위해서는, 임금을 올리는 구체적인 방법과 이를 생산성과 연동시킬 수 있도록 사회적 합의를 이끌어내고, 거시적으로 금융화를 규제하고 억제하는 데 그치지 않고 가계저축에서 기업투자로의 자금 순환 체제를 형성하고, 자산과 부채에 의한 변동성의 문제에 대한 대안을 제시해야 한다. 또한, 동북아 분업구조하에서 우리만이 내수 중심으로 전환하는 것도 기존의 수출주도성장체제의 경로의존성을 고려할 때 쉽지 않기 때문에, 내수 중심보다는 수출-내수-자산의 균형 체제로의 전환을 모색할 필요가 있다.

4. 새로운 성장패러다임의 모색

앞에서 언급했듯이, 소득주도 성장 모델이 50-60년대의 케인즈주의적인 거시경제정책 모델에 그치지 않고, 21세기 한국경제가 직면한 상황 속에서 현실적이고 지속가능한 성장모델이 되기 위해서는 소득창출을 위한 구체적인 방법과 더불어, 미시적인 산업이나 혁신정책에 대한 사고와 투자 문제에 대한 심층적 사고가 필요하다.

임금과 소득 창출의 기초는 양질의 고용이며 이를 위해서는 혁신적인 산업의 토대가 구축되어야 한다. 또한, 소득 주도 성장정책은 케인즈의 거시경제이론에 기초한다. 그러나, 투자 문제에는 금융적 속성을 무시할 수 없다는 것이 케인즈가 가진 중요한 통찰 중의 하나이다. 소득 주도 성장정책이 가능하려면 자산의 영향력을 억제하는 것이 요구된다. 전후 서구에서 복지국가가 가능했던 것도 자본의 국가간 이동을 규제하고 대출과 투자 업무를 분리하는 등 금융에 대한 통제에 기초하여 자산의 영향력을 억제할 수 있었기 때문이다. 자산을 억압했기 때문에 노동을 통해 창출한 소득만으로 생애에 걸친 경제적 안정성을 확보할 수 있었던 것이다. 따라서, 새로운 성장패러다임은 '연대소득정책-혁신산업정책-공유자산정책'이 혼합된 정책이라는 틀을 가지고 구상해볼 수 있을 것이다.

고령화와 교역의 침체 등으로 세계경제의 구조적 침체(stagflation) 가능성이 제기되고 있는 현 시점에서, 한국경제가 불평등을 초래하지 않으면서 지속가능한 성장을 하기 위해서는 내수 부문에서의 수요 창출이 요구된다. 다만, 우리의 경우, 대내적 수요 창출은 단순히 임금을 인상하고 노동조합의 힘을 강화시키는 방향으로는 부족하다. 소득(임금)주도 성장정책은 중소기업의 임금이 대기업의 60% 수준이고, 대기업-정규직의 노동조합 조직률은 60%에 달하지만, 중소기업-비정규직의 노동조합 조직률은 3%에 불과하며, 임금근로자와 자영업자의 소득 격차가 2000년대 이후 지속적으로 확대되고 있다는 현실을 고려해야 한다. 따라서, 한국의 소득정책은 연대소득정책이 되어야 한다.

연대소득정책은 일을 통해 소득을 취하는 계층의 소득을 전반적으로 향상시키고 이들 내에서의 격차를 줄이는 방향을 동시에 추구하는 정책이다. 한국형 연대소득정책은 한편으로는 노동시장 내부에서의 격차를 줄이는 연대임금정책과, 다른 한편으로는 임금노동자와 자영업의 연대소득정책을 생각해볼 수 있을 것이다.

연대임금정책의 모델로는, 우선 국가 수준에서, 스웨덴 렌-마이드너 모델과 같은 보편적인 연대임금정책, 건설부문 저임금근로자의 임금을 조달이라는 수단으로 높이는 미국 연방정부의 적정임금(prevailing wage)과 같은 선별적 연대임금정책, 그리고 최저임금 정책 등을 생각해볼 수 있을 것이다. 산업과 지역 수준에서의 연대임금 모델로는, 산별교섭과 단체협상 효력 확장제도와 같이 산업 내 임금 격차를 완화하는 모델이 있을 수 있고, 지역 수준에서 저임금노동자를 위한 지역사회 임금표준화(Justice for Janitors)나 생활임금(living wage) 정책 등을 고려해볼 수 있다.

한국경제에서 전체 임금노동자의 25%를 넘어설 정도로 높은 저임금 노동자 비중(중위임금의 60%에 못 미치는 임금을 받는 노동자)과, 취업과 미취업을 왕래하는 반복실업-반복빈곤이라는 구조적 현실과, 노사관계가 기업별노조에 강고하게 기초하고 있어 산별노조와 산별교섭의 가능성이 매우 취약하다는 사실을 감안하면, 한국형 연대소득정책의 핵심은 일차적으로 최저임금 정책으로 집중할 필요가 있다. 여기에 생활임금이나 산별교섭, 단체교섭 효력 확장제도, 적정임금, 생활임금 등이 보완적으로 결합되는 형태를 구상할 수 있을 것이다. 특히 최저임금은 노동시장에 주는 부정적 효과가 그리 크지 않을 뿐만 아니라, 소득안정성을 높이고 임금협상력을 높여 저소득층의 정치적 불균형을 해소하는 데도 기여한다. 이미 여러 선진국에서 최저임금은 대표적인 노동시장정책으로 사용되고 있다(ILO, 2013). 실업 등의 이유로 노동시장의 외부에 있는 이들에게도 실업수당과 사회보장제도를 통해 최저소득을 보장해주어야 한다. 이는 소득안정성을 높일 뿐만 아니라, 경기 침체기 소비감소의 충격을 완화시켜주는 안전망으로 작동하기 때문이다(이상헌, 2014).

물론 최저임금 중심의 한국형 연대소득정책에는 중소기업-영세자영업자의 구조조정과 이들에 대한 지원정책이 결합되는 것이 전제되어야 한다. 우리의 연대소득정책은 저소득층과 중간계층과의 연대보다는 저임금노동의 주변에 있는 자영업과 영세중소기업과 공식부문과의 연대가 더 큰 문제일 수 있다. 스웨덴 렌-마이드너 모델과 같이 영세자영업과 영세중소기업, 비공식부문을 상대적 고임금과 사회적 보호로 구조조정하는 방안보다는, 소기업-자영체제의 생산과 자산

기반을 보호·확충하는 방안과 최저임금의 상향조정 방안을 결합하는 전략을 취할 필요가 있다. 소기업-자영체제의 지속가능성을 보장하는 것이 저임금노동력의 공급 압력을 줄임으로써 저임금노동시장을 개선하는 힘으로 작용하도록 해야 할 것이다. 소기업-자영체제의 과도한 비중을 줄일 필요는 있지만 이들을 일방적으로 구조조정하는 것은 성장과 불평등 해소에 기여할 수 없다. 이러한 '최저임금인상-임대권/상권보호'라는 제도적 연대뿐만 아니라, 소기업과 자영업이 저임금노동과 연대하여 지속가능한 경제 단위를 형성하도록 하는 다양한 실험들이 개발될 수 있는 정책적 거버넌스를 창출할 필요도 있다(전병유·정준호, 2015).

새로운 성장패러다임하에서의 공급체제는 대기업 주도의 조립형 산업화의 한계를 벗어나, 협력과 신뢰의 네트워크를 바탕으로 하는 혁신중소기업군의 창출에 기반하는 것이다. 자동화-외주화와 노동-숙련의 해체에 기초한 생산체제로부터 벗어나 부품소재 부분의 중간숙련 형성에 기초한 혁신형 생산체제로의 전환은 기존의 경로를 이탈해야 하는 매우 어려운 과제이다. 교육과 직업훈련 시스템과 노동시장의 구조가 동시에 바뀌지 않으면 쉽지 않은 과제이다. 따라서 이러한 전환을 가능하게 하기 위해서는 중장기적인 관점에서 혁신의 실험을 축적하는 방법밖에 없다. 혁신의 실험을 수행할 핵심적 주체는 혁신중소기업들이다. 혁신중소기업은 신뢰에 기초한 협력, 공유에 기초한 혁신, 연대에 기초한 소득 창출의 실험장일 수 있기 때문이다. 규제와 보호라는 정부의 정책 수단을 가지고 중소기업을 육성하겠다는 생각만으로는 새로운 성장 주체가 형성되기 어렵다. 국가(중앙정부)의 과제는 주체들의 협력과 신뢰를 유도할 수 있는 공유 자산을 제공하고 생산 주체들의 네트워크형 거버넌스를 구축하도록 유도하는 것이 되어야 한다. 대기업의 독점과 불공정거래에 대한 확고한 통제와 중소기업 사업영역 보호 또한 이루어져야 하며, 공유자산에 대한 민주적이고 생태적인 규율 시스템과 투자 위험을 사회화할 수 있는 시스템 등 제도적 인프라가 구축되어야 할 것이다.

한편 거시경제정책에서는 금리인하 정책의 한계와 부작용을 고려하여, 정부가 직접 투자-소비하는 재정정책의 역할도 강화될 필요가 있다. 다만, 국가에 대한 국민들의 신뢰 수준이 낮고, 단기간에 과세 부담을 크게 늘리기 어려운 상황하에서 조세를 통한 재분배는 중장기적인 관점에서 단계적으로 추진할 수밖에 없을 것이다. 공공부문의 자산을 공적으로 활용하는 방안에 대한 사회적 논의도 시작되어야 한다. 이는 그동안 간과되었던 새로운 상상력이 필요한 영역이다. 예를 들어, 국민연금 자산을 청년 세대를 위한 혁신 투자 기금으로 활용하는 방안도 생각해볼 수 있다. 주택연금이나 토지연금 등 각종 공적 자산을 활용하여 공적인 특정 활동을 위한 기금 마련이나 투자 재원으로 활용할 수 있다.

그동안 국가와 지방정부의 소유인 공유 자산을 제대로 관리하지 않거나 그저 민영화나 민간에 대한 매각으로 수익만을 챙기려고 하던 관행에서 벗어나야 한다. 공유 자산의 현황에 대한 체계적인 조사가 이루어지고 이에 기초하여 공유 자산을 공적으로 활용하는 전략을 세울 필요가 있다. 정부가 시장의 경제적 활동에 대한 일정 정도 사회적 통제를 하기 위한 지렛대로 공기업을 포함한 정부 부문이 가지고 있는 공유(국유) 자산을 활용하는 것이다. 공유 자산을 활용하여 시장에서 수익을 거두고 이를 공익에 맞게 활용될 수 있도록 하는 것이다.

저성장하에서의 불평등을 구조화하는 기존의 성장체제가 대체되거나 개선되지 못하고 20여 년을 넘어서도 지속된다면, 한국 사회의 장점인 역동성이 크게 잠식될 것이다. 다음 세대가 기회와 희망의 새로운 백 년을 만들어가도록 하기 위해서라도 성장 체제에 관한 더 담대한 비전과 더 현실적인 상상력이 요구된다. 기존의 틀에서 벗어나 시민들의 협력과 공유, 그리고 국가의 강화된 공적 기능에 기초하여 혁신적인 실험들이 만개할 수 있는 새로운 성장 체제를 꿈꿀 필요가 있다.

제6장

다중격차 해소를 위한 조세재정정책*

1. 다중격차와 조세

한국경제는 외환위기 이후 저성장 및 불평등 심화의 함정에서 빠져나오지 못하고 있다. 발전국가가 해체되고 미국식 자본주의를 이식하고자 했으나 한국경제가 재벌과 국제금융자본에 포획되어 중소기업, 영세자영업자, 저임금노동자가 고스란히 그 희생을 떠안고 있다. 국민의 삶은 소득, 자산, 주거, 교육, 문화, 건강 등 여러 차원에 걸쳐 격차가 심화되고 있으며 특히, 하위계층의 삶은 더욱 불안해지고 있다.

이러한 문제를 해결하기 위해서는 일차적으로 소득, 자산, 주거, 교

* 2015년 하반기 『민주사회와 정책연구』(통권 제28호)에 실렸던 논문(박근혜 정부의 조세재정정책 평가와 대안의 모색)을 수정한 논문임.

육 등 격차가 발생하는 각 영역에서 격차를 해소하기 위한 전방위적인 노력이 중요하다. 각 영역에서의 격차 해소는 상호작용의 고리를 끊기 위한 대응방안도 되기 때문에 다중격차 전체를 완화시킬 수 있다. 그러나 핵심적인 영역에서의 격차 해소가 더욱 중요하다. 핵심 격차란 상호작용하는 여러 격차들이 영향력의 크기에 따라 위계가 존재한다고 할 때, 그중에서 가장 큰 영향력을 미치는 격차를 의미한다. 소득, 자산, 주거, 교육 영역에서의 격차 간 영향력을 비교한다면 소득격차가 가장 핵심적인 격차가 될 가능성이 높다. 즉, 소득격차를 해소하지 못한 상황에서 다른 격차의 해소가 다중격차 감소에 기여하는 바는 제한적일 수 있다. 한편, 격차의 현상이 복합적인 상황에서는 정규직 일자리를 중심으로 하는 사회보험 방식보다는 조세재원을 동원하여 보편적인 방식으로 격차를 해소하는 것이 더욱 효과적인 방안이다.

박근혜 정부는 '증세 없는 복지 확대,' '재정건전성 확보'를 내걸고 집권했다. 그러나 이명박 정부의 '작은 정부와 감세' 정책에 따라 이미 조세부담률이 대폭 낮아진 상태에서 이러한 목표는 복지 이외의 지출을 축소하지 않고는 달성하기 어려운 정책목표이다. 현 정부의 조세재정정책의 성과를 평가해본다면 이러한 목표달성에 실패했다고 판단할 수밖에 없다. 본 글은 다중격차 해소라는 관점에서 현 정부의 조세재정정책을 평가하고 바람직한 조세재정정책 개혁안을 제시하는 데 목적이 있다.

2. 양극화 및 빈곤 해결에 불충분한 소득재분배정책

저부담-저복지 소득재분배체제와 자산기반복지체제의 붕괴

1987년 민주화, 1997년 외환위기를 거치면서 한국의 복지 수준과 조세부담율 수준은 눈에 띄게 증가했지만 국제협력개발기구(OECD) 평균에 비교하면 아직도 낮은 수준에 머무르고 있다. 이러한 저복지-저부담의 소득재분배체제로 인해 한국 국민은 사회안전망으로서 국가복지에 의존하기보다 자산형성에 의존하는 생활보장체제에 의존해 왔다(김도균, 2012). 국가복지가 약한 상황에서, 또한 국가복지를 강화할 생각이 없는 역대 정부하에서 가계와 개인은 고도성장기에 노동소득 창출 및 저축을 통한 안전망 추구, 민주화 이후 자산형성을 통한 안전망 추구에 몰두해왔다. 그 결과, 주요 선진국의 소득격차와 자산 격차 수준을 비교한 신진욱(2013)에 따르면 한국은 다른 선진국에 비해 상대적으로 소득 격차는 높지만 자산 격차는 낮은 편에 속하는 소득 및 자산 구조를 갖게 되었다. 특히, 신자유주의 개혁 이후에는 자산형성을 통한 안전망 추구가 더욱 강화되었는데, 이는 자산기반복지(asset-based welfare) 추구로도 이해할 수 있다.

그러면 한국에서 자산 격차가 상대적으로 작고 자산기반 복지체제가 잘 작동해왔다고 볼 수 있을까? 사실상 그렇게 보기는 어려운데, 그 이유는 우선, 실제 자산 격차 수준은 공식적인 수준보다 훨씬 높을 것이라는 점 때문이다. 공식 데이터는 통계청의 표본조사를 사용하여 추정한 것인데 상위층의 자료를 누락하고 있기 때문에 자산 격차의 실상을 정확히 반영하지 못하고 있다. 김낙년(2013)은 통계청의

〈표 6.1〉 조세부담, 재정지출, 복지지출 및 총부채 규모(2012)

(단위: GDP대비 %)

	사회보험 제외 조세부담	사회보험 포함 조세부담	중앙정부 총지출	공공복지지출	중앙은행 총부채
북유럽국가	35.4	43.7	52.7	27.3	53.0
영미형국가	25.8	29.3	41.3	20.1	100.1
서유럽국가	25.7	40.5	50.8	27.8	97.3
남유럽	23.9	34.9	50.0	26.5	131.3
한국	18.7	24.8	32.7	9.6	34.7
OECD 평균	24.7	33.7	45.0	21.6	83.7

자료: www.oecd.org/statistics
주: 공공복지지출은 보건과 사회보호를 포함. 주거, 교육은 미포함

가계조사 자료를 사용한 공식 통계와 상속세 자료를 사용한 본인의 연구 결과를 가지고 상위 1%와 10%의 자산가가 소유한 자산이 전체 자산에서 차지하는 비중을 비교하였는데, 통계청 조사 결과보다 상속세 자료 결과에서 상위자산가의 자산 비중이 훨씬 높다는 것을 발견했다. 한편, 자산 격차가 소득 격차를 유발하는 정도도 현재로서는 매우 작은 것으로 측정되지만[1] 만약 자본이득이 제대로 파악된다면 실제로는 그렇지 않을 것이다. 더욱 근본적으로 자산기반 복지체제는 자산시장의 거품에 기댄 것이므로 자산시장이 붕괴한 이후, 즉 2008년 금융위기 이후에는 지속가능하지 않다는 것이 분명해졌다.

신자유주의하 자산기반 복지의 추구는 오히려 소득 격차와 자산

1 홍민기(2015)는 통계청의 가계조사가 가진 한계로 인해 국세통계를 사용하여 최상위 소득 계층 10%, 1%, 0.1%, 0.01%의 소득 구성을 살펴보았는데 임대소득을 포함하는 사업소득은 상위 0.1% 이상에서, 금융소득은 최상위 0.01%에서만 중요하다는 것을 발견했다.

격차의 동시 심화를 낳았다. 이러한 상황에서 어떤 격차 문제가 우선적으로 해결되어야 하는가? 자산 격차가 야기하는 문제는 자산 소유 그 자체보다 소유 여부 혹은 소유 규모의 차이에서 오는 주거비 격차, 이자 및 배당, 임대료, 자산처분 이득 격차라는 점에서 자산 격차의 해소보다 소득 격차의 해소가 더욱 효과적일 수 있다. 즉, 진정한 조세제도와 복지제도를 통해 자산소득에 대해 적절히 과세하고 주거 격차와 소득 격차를 줄여준다면 자산 소유의 격차 자체가 문제될 소지는 줄어든다. 대표적인 복지국가인 스웨덴, 덴마크에 낮은 소득 불평등과 높은 자산 불평등이 공존하는 것은 이러한 이유 때문이다. 상대적으로 평등한 소득분배 덕분에 많은 국민이 주택을 소유할 필요를 느끼지 못하는 것이다.

낮은 조세부담률정책과 복지확대정책 간 모순 발생

박근혜 정부는 양극화 심화 문제에 직면하여 복지확대를 내걸고 집권했다. 그러나 이를 증세 없이 달성하겠다고 약속했다. 즉, '증세 없는 복지 확대' 및 '재정건전성 확보' 공약이다. 세목신설과 세율인상 등 직접적인 증세는 지양하는 대신 비과세·감면 축소 및 지하경제 양성화 등을 이용한 재원확대와 재량지출 조정을 통해 복지를 확대한다는 계획을 약속했다. 그러나 증세 없이 복지를 확대하고자 하니 제대로 확대할 수 없었다. 또한, 박근혜 정부의 복지공약은 인수위를 거치면서 대폭 축소되었으며, 대폭 축소된 복지공약조차 소요재원 추정 시 중앙정부 차원에서의 필요재원도 제대로 반영하지 못한 것일 뿐 아니라 지방정부 소요액은 아예 제외되어 있다는 점이 문제였다.[2] 이와 같이 박근혜 정부가 복지 소요재원을 과소추정함에 따라 집권 이후 복지 프로그램은 중앙정부와 지방정부 차원 모두에서 왜곡된 형태로 진행될 수밖에 없었다.

공약 사업을 진행하기에 버거워 다른 재량적 복지 사업들이 타격을 받을 수밖에 없게 된 것이다. 실제로 2014년 복지부 예산이 전년대비 7조 원 정도 증가하도록 편성되었지만 그 중 의무지출이 5조 2,000억 원을 차지했다는 점에서 중앙정부 예산을 기준으로 한다면 의무지출 이외의 복지지출은 크게 변화가 없다는 것을 알 수 있다. 의무지출 예산 중에는 기초연금 도입에 따른 국정과제 반영분도 포함되어 있으나 자연증가분도 포함되어 있다. 결국 국민의 바람과는 다르게 박근혜 정부의 복지공약 의지는 집권 1년 만에 실종되었다. 집권 2년 차인 2014년 연두기자회견에서 박근혜 대통령은 경제민주화와 복지국가의 건설보다 '경제개혁 3개년 계획'을 강조함으로써 복지보다는 성장을 중심에 두는 방향으로 선회하였다.

또한, 낮은 조세부담률 유지가 조세정책의 기조였지만 지난 3년간 다양한 세제개편이 있었다. 그러나 전체 조세부담률 수준에는 큰 영향을 미치지 않는 것이었으며 소득재분배 차원에서 보면 부정적이라고 평가할 개편이 우세했다. 첫째, 임대소득세제를 2016년부터 파생상품 양도소득에 대해 과세하고 2017년부터 본격적으로 시행하기

2 실제 공약 이행에는 지방정부 매칭비가 들어가야 하므로 재원이 더 필요하다. 예를 들어 평균적으로 기초연금은 지방 매칭비가 50%, 보육은 25%이다. 대통령 공약사업인 누리과정에 중앙정부 예산이 전혀 배정되지 않고 있다. 정부가 '2011~2015년 중기지방교육재정 계획'에서 2015년 지방교육재정교부금 세입 규모가 49조원에 이를 것으로 전망하면서 누리과정에 대해 중앙정부 예산을 전혀 배정하지 않은 것이다. 그러나 실제 세입 규모가 39조 원밖에 되지 않음에 따라 누리과정 부담은 고스란히 지방교육재정 부담이 되었다.

로 했다. 둘째, 소득세의 경우, 소득공제를 세액공제로 전환하고 근로소득공제율을 낮추었으며 소득세 최고세율 적용 구간을 3억 원에서 1.5억 원으로 낮추었다. 셋째, 대기업 적용 연구·인력개발비 세액공제 한도를 6%에서 4%로 낮추고 과세표준 1천억 원 초과 대기업 적용 최저한세율을 16%에서 17%로 올렸다.[3] 넷째, 2015년부터 3년간 한시적으로 경기활성화 3대 패키지세(근로소득 증대세제, 배당소득 증대세제, 기업소득환류제세)가 채택되었고, 다섯째, 주택에 대한 취득세율 영구인하, 다주택자에 대한 양도소득세 중과세 폐지 등 이명박 정부하에서 추진되었던 부동산 세제 완화 정책은 지속되었으며, 여섯째, 2014년부터 가업상속공제 적용대상을 연 매출액 2,000억 원 이하 기업에서 3,000억 원 미만 기업으로 확대하고 가업 상속 후 10년간 동일업종을 유지해야 한다는 조건을 유사업종 내 전환을 허용하는 방법으로 완화하였으며, 일곱 번째, 담배세가 인상되었다. 이 중 가장 증세효과가 큰 것이 역진성을 가진 담배세였다는 점에서 박근혜 정부의 세제 개편은 소득재분배에 역행하는 것이었다고 평가할 수 있다.

저부담-저복지-저성장하 재정건전성 악화 및 국가채무 증가

'증세 없는 복지 확대'에 더하여 현 정부가 중요시하는 재정정책 목표는 건전재정이다. 정부는 2013~2017년 국가재정 운용방향에서

3 가장 논란이 많았던 세제개편안은 소득세 개편안이었다. 특히 소득공제의 세액공제로의 전환에 대해 일부에서는 연말정산 세금폭탄론을 거론하기도 하였다. 그러나 실제 효과는 미미하나마 공평성 개선이었던 것으로 평가된다. 한편 면세자를 증가시켰다는 점에서 비판받기도 한다.

관리재정수지의 적자 규모를 점차 줄여 2017년에는 균형재정을 달성하겠다는 계획을 밝혔다. 이를 위해 균형재정에 이를 때까지 총지출 증가율을 총수입 증가율보다 2~3%p 이상 낮게 유지하는 한시적인 암묵적 재정준칙을 적용하고 있다. 그러나 2013년, 2014년에 계속해서 각각 8.5조 원, 11.1조 원의 세수결손 문제를 겪었고 2013~2017년 국가재정운용계획에서보다 2014~2018년 국가재정운용계획에서 집권 5년간의 재정수지와 국가채무 수준이 더 비관적으로 전망되고 있다. 즉, 2013년에는 2017년에 대해 관리재정수지 7.4조 원 적자, 국가채무 610조 원을 전망했는데 2014년에는 각각 24조 원, 659.4조 원으로 수정했다.

〈표 6.2〉 중기 재정운용계획에 따른 재정수지 및 국가채무 전망

(단위: 조 원)

		'13			'14	'15	'16	'17	'18
		본예산	추경	실제					
'13-'17 계획	통합재정수지	30.6	11.8		13.1	23.7	28.9	37.6	
	관리재정수지	-4.7	-23.4		-25.9	-17	-14.1	-7.4	
	국가채무	464.6	480.3		515.2	550.4	583.1	610	
'14-'18 계획	통합재정수지			14.2	13.5	6.8	11	19.7	26.8
	관리재정수지			-21.1	-25.5	-33.6	-30.9	-24.0	-18.1
	국가채무			489.8	527	570.1	615.5	659.4	691.6

자료: 기획재정부(2013).

이러한 세수결손의 문제는 공약 이행을 위한 핵심적인 재원마련 방안으로 제시되었던 지하경제양성화(27.2조 원)와 세출절감(84.1조

원) 방안이 제대로 시행되지 않고 있음을 의미한다. 그러나 세수결손이 야기된 더욱 근본적인 원인은 박근혜 정부가 지난 정부의 무리한 감세정책을 더욱 강력히 추진하려는 데에 있다. 2014년에 발표한 중기 조세부담률 전망에 따르면 정부는 이명박 정부 말인 2012년에 GDP 대비 18.7%였던 조세부담률(신GDP 기준)을 2015년에 17.5%, 2018년에는 17.9%로 줄이려는 계획을 세우고 있다. 이러한 낮은 조세부담률 정책이 세수결손, 재정적자 그리고 국가채무 증가의 근본 원인이 되고 있다. 그러나 국가채무 중에서도 적자성 채무가 빠르게 증가하고 있다는 점이 매우 우려스럽다.

〈표 6.3〉 박근혜 정부의 중기 조세부담률 전망

(단위 : %)

	'12	'13	'14	'15	'16	'17	'18
조세부담률	18.7 (20.2)	17.9	18.0	17.5	17.7	17.7	17.9
국민부담률	24.8 (26.8)	24.3	24.8	23.9	24.0	24.1	24.2

자료: 기획재정부(2014).
주: '14년은 국회 확정예산 기준, GDP 신계열 기준으로 산출(괄호 안은 GDP 구계열 기준)

주요 교역국의 경제회복이 더딘 상황에서 여전히 기업의 수출경쟁력과 고소득층의 낙수효과에 기대려는 정책으로는 현재의 어려움을 해결하기 어려울 것이다. 가계의 가처분소득을 높여 내수를 살리는 방향으로 정책을 전환해야 하는데, 이를 위해서는 소득재분배를 개선하는 새로운 조세재정정책 패러다임이 요구된다. 현재의 저부담-저복지-저성장에서 적어도 중부담-중복지-중성장으로 나아가야 한다. 문제는 정부가 현재의 정책을 고수할 뿐 아니라 더욱 강화하려 한다는 점이다. 국민연금 개혁을 통해 사회보험을 축소하고 누리예산의 재원을 다른 복지를 줄여서 마련할 것을 요구하며, 더 나아가 복지 축소를 야기할 재정준칙을 도입하겠다고 한다.

3. 소득분배 개선을 위한 조세재정정책 개혁의 방향

경제 및 인구 특성에 비추어 복지는 대폭 증가해야 한다

한국의 복지수준은 경제 및 인구특성을 감안해도 OECD국가에 비해 과도하게 작은 편이다. 2012년 재정지출 규모는 OECD 평균에 비해 GDP대비 10%p 정도 작은데 지출구조를 살펴보면 비복지지출은 2.5%p 더 많고 복지지출은 12.5%p 더 작다. 즉, 한국의 정부지출 규모가 작은 것은 복지지출 수준이 매우 작기 때문이라고 볼 수 있다. 한국의 복지지출 규모가 이와 같이 유독 작은 것에 대해 경제적, 인구적 특성 때문이라고 설명하는 여러 연구가 존재한다.

대표적으로 안종범·김을식(2004)의 연구를 예로 들 수 있는데, 이들은 OECD 29개 회원국들에 대해 1980~1999년 기간의 패널 데이터를 사용하여 공공복지지출의 결정요인을 분석한 후 한국의 복지지출 수준은 그 실제 규모가 작았던 1999년에도 실제 값이 적정수준의 약 81.6%로서 그다지 낮지 않다고 결론 내렸다. 그러나 안종범·김을식(2004)의 연구는 조세부담률을 설명변수로 사용함으로써 낮은 수준의 복지가 적정 수준으로 추정될 수 있는 모형을 사용하였다는 점에서 문제가 없지 않다. 한국은 조세부담률이나 정부지출 규모가 작기 때문에 이 변수들을 설명변수로 포함할 경우, 낮은 복지지출 규모가 정당화되기 쉽기 때문이다. 고령화율이나 1인당 국민총생산(GDP)를 설명변수로 사용하는 것은 복지 수요와 복지 제공 능력을 나타낼 것이므로 누구나 수긍할 수 있지만 조세부담률이나 정부지출 규모는 궁극적인 정책변수로서 국민의 합의와 정부의 정책에 따라 얼마든지 변할 수 있는 변수라는 점에서 이들을 설명변수로 사용하는 것은 문제가 있다. 김혜원 외(2007)는 안종범·김을식(2004)과 유사한 방법론을 사용하여 추정해보았는데, 그 결과 2001년 기준 한국의 공공복지지출 수준은 국민부담률 포함 시 적정수준의 60.09%, 국민부담률 미포함 시 51.95%로 추정되었다. 하지만 국민부담률을 포함할 경우, 적정 복지지출 수준이 왜곡될 수 있다.

한국의 복지지출 수준이 크게 증가한 최근을 대상으로 비슷한 방법론을 사용한 연구를 살펴보면, 조세부담률이나 정부지출 규모 자체가 이전보다 커졌기 때문에 이 변수들을 포함하여 진행한 연구에서는 왜곡 효과가 많이 줄어든 것으로 보인다. 전승훈(2014)은 정부지출 규모를 설명변수로 사용하여 분석한 결과, 2011년 한국의 복지지출 수준이 적정수준의 67.6%라고 추정하였고, 진익·곽보영(2014)도 정부총지출 변수를 포함하여 분석한 결과, 2011년 기준 적정수준의 65% 수준이라고 추정하였다. 2011년 공공복지지출이 GDP대비 약 9%였으므로 적정수준은 14% 수준인 셈이다.

즉, 고령화와 1인당 GDP만을 고려한다면 한국의 복지지출은 GDP 대비 약 10%p는 증가해야 OECD 평균에 이를 수 있다. 2014년 명목 GDP가 1,500조 원 가까이 되므로 복지지출이 150조 원 정도 더 증가해야 OECD 평균이 된다는 것이다. 그러나 이 정도의 복지지출을 당장 늘리는 것은 무리일 것이므로 다년간에 걸친 계획을 세울 필요가 있다. 무엇보다 OECD 평균의 복지수준을 달성하는 것은 막대한 재원을 필요로 하는데, 하나의 방안은 현재 경제 부문에 과도하게 투입되고 있는 재원을 복지로 돌리는 것이다. 그러나 조세부담률이 매우 낮아져 있다는 점에서 증세를 통한 과감한 복지확대는 피할 수 없다.

〈표 6.4〉 2011년 OECD와 한국의 재정 지출 구조

(단위: %)

		일반 행정	국방	공공 질서	경제	환경 보호	주거, 공동체	여가, 문화, 종교	교육	복지
총지출 대비 비중	한국	15.2	8.6	4.2	20.1	2.4	3.3	2.2	15.8	28.3
	OECD	13.6	3.6	3.9	10.5	1.6	1.6	2.7	12.5	50.1
GDP 대비 규모	한국	4.9	2.8	1.3	6.5	0.8	1.1	0.7	5.1	9.1
	OECD	5.9	1.5	1.7	4.5	0.7	0.7	1.2	5.4	21.6

자료: OECD Statistics

복지 확대를 위한 증세의 부정적 효과는 크지 않다

정부지출을 늘리면서 재전건전성을 유지하기 위해서는 증세가 필수적인데 증세는 경제성장에 부정적이라는 인식이 증세를 가로막고 있다. 그러나 실증분석 결과들은 법인세나 소득세 세율인상이 경제성장에 미치는 부정적 효과가 그다지 크지 않음을 보고하고 있다. 소득세의 경우, 세율인상은 노동공급을 감소시킬 수 있다는 우려가 있

으나 김현숙·성명재(2007), 남재량·전영준·이영·김현숙(2009), 강병구·성효용(2013) 등의 연구결과에 따르면 세후임금률이 노동공급에 미치는 영향은 통계적으로 유의하지 않거나, 통계적으로 유의하더라도 그 크기가 그리 크지 않은 것으로 나타났다.

또한, 법인세 세율인상이 투자에 미치는 영향과 관련해서도 김우철(2007), 성효용·강병구(2008) 등 다수의 연구들이 법인세가 기업의 투자에 미치는 영향이 유의하지 않거나 통계적으로 유의하더라도 그 크기가 크지 않다는 결과를 제시하고 있다. 그리고 전봉걸·송호신(2012)은 글로벌 금융위기 이후 법인세가 기업의 투자에 미치는 부정적 영향이 약화되고 있다는 연구결과를 제시하고 있다. 이상의 분석결과는 법인세 부담의 증가가 경제에 미치는 부정적 영향이 크지 않음을 시사한다.

이와 같이 한국의 경우, 많은 연구 결과가 법인세와 소득세의 효율성 감소 효과가 크지 않다고 실증 분석했음에도 불구하고 이러한 분석에 기초하지 않은 채 법인세율의 상승은 투자를 위축시키고, 소득세율의 상승은 노동공급을 위축시킨다는 가정을 채택하여 거시모형을 구성한 뒤 법인세, 소득세의 경제적 효과가 부정적이라는 추정결과를 발표하는 보고서들이 존재한다는 점은 문제라 할 수 있다. 조경엽·황상현·우광호(2015)의 경우 연산가능일반균형모형(CGE)을 수립하여 법인세의 거시경제적 효과를 추정하였는데 이에 따르면 법인세율이 2%p 상승하면 그 이후 3년간 소비자물가는 0.12% 오르고, 투자와 소비는 각각 0.96%와 0.39% 감소하여 GDP는 연평균 0.33%씩 감소할 것이라고 전망하였다. 그러나 모형을 세울 때 법인세 세율이 올라가면 투자가 줄어든다는 가정이 이미 포함되어 있기 때문에 이러한 결과는 어찌 보면 당연한 것이다.

과도하게 엄격한 재정준칙은 경제를 더욱 위축시킬 것이다

정부는 재정건전성을 유지하기 위해 재정지출의 증가를 엄격히 제한하는 재정준칙을 도입하려 하는데 이는 복지지출을 축소시켜 저성장과 양극화를 오히려 심화시킬 수 있다. 정부는 2012년 예산안부터 총지출증가율을 총수입증가율보다 2~3%p이상 낮게 유지하는 한시적인 암묵적 재정정책을 운용하고 있고, 더 나아가 2015년 5월 13일에 '2015 국가재정전략회의'에서 신규 의무지출의 증가를 억제하는 페이고(Pay-Go) 제도를 도입하겠다는 계획을 밝힌 바 있다. 페이고 제도란 국회에서 예산이 소요되는 법안을 낼 때 재원조달 방안을 함께 마련하는 것을 의무화하는 것이다. 새로운 의무지출의 증가(혹은 세입의 감소)는 다른 의무 지출의 감축(혹은 세입의 증가)을 통해 상쇄되어야 한다는 원칙을 의미한다. 향후 인구구조 변화에 따른 연금 등의 복지지출 증가가 급증할 것이 예상되므로 의무지출이 대부분인 복지지출의 증가를 억제하기 위해서는 강력한 재정준칙을 도입해야 한다는 것이 그 이유이다.

재정수지의 과도한 적자를 방지하여 재정건전성을 유지하겠다는 취지는 바람직하다. 그러나 조세부담률을 낮게 유지한 채 복지지출 증가를 억제해 재정건전성을 유지하겠다는 정책은 문제이다. 향후 복지지출은 최소 OECD 평균에 이르기까지 빠르게 증가해야 한다. 어느 정도 궤도에 오른 후에도 지나치게 빨리 상승한다면 그때는 페이고 제도의 도입을 고려할 수 있다. 그러나 저성장, 양극화 현상이 심각한 상황에서 복지지출이 현 수준에서 증가하지 못하게 한다면 성장과 분배 두 측면이 모두 부정적인 영향을 받을 것이다. 페이고 제도는 다수의 선진국들에 의해 널리 적용되고 있는 재정준칙이라기보다 OECD국가 중에서 미국과 일본만 도입한 매우 특수한 사례일 뿐이다(Budina, Kinda, Schaechter and Weber, 2012). 미국의 경우 1990년부터 2002년 사이에, 그리고 2010년 이후에 재도입되어 운영되고 있으며 일본에서는 2011년 이후에 운영되고 있을 뿐이다. 그리고 이 제도의 효과는 아직 검증되지 않은 상태이다.

만일 재정준칙을 도입하고자 한다면 지나치게 엄격한 페이고 제도가 아닌 구조적 재정수지를 적정 수준에서 관리하는 유연한 준칙이 더욱 적합할 것이다. 그간 많은 선진국들에서 경기순환적 재정수지와 구조적 재정수지를 구분하지 않고 재정수지 적자폭이 크게 나지 않도록 관리하는 재정준칙이 적용되어 왔는데, 이번 국제 금융위기를 거치면서 이러한 재정준칙이 경기침체 상황을 더욱 장기화하는 위험이 있다는 점이 인식되었다. 실제로 2010년 남유럽 재정위기가 발생한 이후 유럽연합(EU) 국가들의 엄격한 재정준칙 적용이 유로존 전체를 과도한 침체로 몰아갔다는 비판이 제기되면서 2012년 재정협약(Fiscal Compact) 체결을 계기로 경기변동에 따른 재정수지는 용인하고 구조적 재정수지에 대해서만 과도한 적자를 억제하는 재정준칙을 채택하는 EU 국가들이 늘어나고 있다. 예를 들어, 영국은 기존의 황금준칙(Golden Rule)과 지속가능투자준칙(Sustainable Investment Rule)을 중단하고 2010년부터 구조적 재정수지 준칙을 적용하고 있으며 오스트리아, 포르투갈, 스페인 등도 이러한 정책을 채택했다.

4. 직접세-누진도 강화 방식의 증세 필요

OECD국가들과 비교한 조세 구조의 특징

적절한 증세 방안을 모색하기 위해 한국과 OECD국가의 조세구조를 비교해보자(〈표 6.5〉). GDP 대비 각 세목의 세수규모를 비교해 보면, 한국은 대부분의 세목이 OECD 평균에 비해 작지만 세목에 따라 편차가 있다. 개인소득세와 고용주 사회보장기여금 비중이 OECD 평균 대비 약 40% 정도이고, 부동산 보유세, 소비세와 근로자 사회보장기여금 부담은 그보다는 크지만 70%대이며 법인세와 자산거래세가 OECD 평균보다 크다(각각 120% 및 428%). 만일 세수비중만 고려한다면 개인소득세와 고용주 사회보장기여금의 비중을 높이는 쪽으로 세제를 개편하는 것이 바람직할 것이다.

그러나 세수규모는 각 세목의 과표 구간 및 세율 설계뿐 아니라 세원의 규모, 비과세감면 제도에 의해서도 결정되고 경제활동에 미치는 영향도 다르기 때문에 여러 가지를 고려하여 세제개편안을 모색해야 한다. 예를 들어, 주요 세목의 세수규모와 법정세율 수준(〈표 6.6〉)을 비교해보면, 한국의 부가가치세와 사회보험기여금 규모가 OECD 평균보다 작은 것은 어느 정도 낮은 세율에 의해 설명되지만, 소득세와 법인세의 경우 세율이 OECD 평균과 그다지 차이가 없는데도 세수규모가 큰 차이를 보이고 있다. 소득세는 작게, 법인세는 많이 과세되고 있는데, 이는 소득세와 법인세의 세원인 가계소득, 기업소득의 분배율이 가계소득이 줄어드는 방향으로 변화하고 있는 데 일부 기인한다.

〈표 6.5〉 조세 및 사회보험료 수입 구조-한국과 OECD 평균 비교(2010년)

(단위: GDP대비 %)

	소득세		재산세			소비세	사회보장기여금	
	개인 소득세	법인 소득세	전체	부동산 보유세	금융·자본 거래세		근로자	고용주
한국	3.59	3.48	2.86	0.79	1.80	8.50	2.39	2.49
OECD 평균	8.42	2.90	1.77	1.05	0.42	10.96	3.21	5.30
한국/OECD	42.6	120.0	161.6	75.2	428.6	77.6	74.5	47.1

자료: OECD Statistics
주: 2010년 기준

〈표 6.6〉 주요 세목의 최고세율: 한국과 OECD 평균 비교

(단위: %)

	개인소득세 최고세율	법인세 최고세율	부가가치세 표준세율	사회보험료		
				합계	종업원	고용주
한국	41.8	24.2	10.0	18.50	8.29	10.23
OECD 평균	43.4	25.3	18.9	26.8	10.43	17.27

자료: 강병구(2015).
주: 2013년 기준. 개인소득세와 법인세율은 중앙정부 소득세율와 지방정부 소득세율을 함한 것.

사회보험보다는 조세 중심의 증세 방안

증세방안을 결정할 때는 전체 재원구조에서 사회보험의 역할이 차지하는 비중을 설계하는 일이 가장 먼저 이루어져야 한다. 사회보험 수입이 다른 OECD국가에 비해 낮은 편인데 이는 사회보험료가 낮은 것에 기인하므로 사회보험료를 올리는 개혁, 특히 고용주의 사회

보험료를 크게 올리는 사회보험 강화 방안을 고려해 볼 수 있다(이영, 2015; 양재진, 2015). 현재 한국의 복지제도가 주로 사회보험 위주로 되어 있고 다른 OECD국가에 비해 아직 부담률이나 보장률이 낮다는 점에서 고려해볼 만한 증세 방안이다.

그러나 사회보험중심의 복지제도가 가진 문제점을 고려해야 한다. 정규직 고용형태를 근간으로 하는 사회보험 중심의 복지제도는 노동의 유연화 및 불안정화가 심각하게 진행됨에 따라 저소득층의 사각지대와 저소득층에 대한 낮은 보장 등 복지의 양극화를 야기하고 있다.[4] 또한, 현재의 복지제도는 고령화가 진행됨에 따라 모든 은퇴계층이 후속세대에 큰 부담을 지우는 결과를 야기할 수 있다. 즉, 동일세대 내 소득재분배 효과가 있겠지만 세대 간 착취현상이 발생할 수 있다. 사회보험 중심적 복지제도를 시행하는 대표적 국가인 프랑스는 국가복지 양극화, 후속세대 착취 우려로 인해, 이미 1990년대부터 사회보험의 비중을 줄이고 조세의 비중을 높여 누진적 부담을 지게 함으로써 소득재분배 기능을 증가시키는(김은경, 2013) 동시에 연금혜택을 줄이고 부담을 늘리는 개혁을 단행하고 있다.

한국은 OECD국가 중에서도 노동의 양극화가 심각하고, 사회보험의 사각지대가 크며 고령화 속도가 빠르다는 점에서 사회보험 강화가 가져올 수 있는 문제를 충분히 고려해야 한다. 따라서 사회보험을 강화하더라도 상위계층이 부담률을 더욱 무겁게 하여야 세대 내 소

4 한국의 복지체제는 국가복지가 약하며 기업복지, 가족복지가 강하다고 이야기된다. 그런데 이러한 시스템은 복지 체제마저 양극화될 가능성을 의미한다. 저소득층은 가족복지, 기업복지 모두 큰 혜택을 누리지 못할 것이기 때문이다. 과거보다 국가복지는 확대되었으나 혜택 면에서는 상위계층에 혜택이 쏠렸을 가능성이 크다.

득재분배 기능을 높이고 후속세대에 대한 과도한 부담을 방지할 수 있다. 그러나 상위계층에 대한 부담을 더욱 무겁게 하여 사회보험의 보장성, 부담률을 강화하는 것은 상위계층의 반발로 쉽지 않을 것이며 아예 사회보험망 바깥에 존재하는 사각지대를 오히려 더 넓힐 수도 있다는 문제가 있다. 사각지대를 줄이는 것이 쉽지 않다는 것은 이를 줄이고자 도입된 두루누리 사업의 상황을 보아도 짐작할 수 있다. 2014년 6월 현재 이 사업의 지원을 받는 수혜자 약 219만 명 가운데 88.2%인 약 194만 명이 기존 가입자이다.

이러한 점에서 사회보험을 강화하더라도 조세로 보완되는 복지가 더욱 확대될 필요가 있다. 기초연금의 강화, 실업수당, 의료보험 등에 조세로 마련한 재원이 사용될 수 있으며 보육, 교육 등도 마찬가지이다. 고용주의 사회보험료 인상 시 여력이 있는 대기업 종사자들이 더욱 큰 혜택을 보겠지만 법인세 인상 시 두루 그 혜택을 보게 될 것이다. 물론 사회보험의 역할을 어느 정도 강화할 것인가 라는 문제와는 별개로 현재의 사회보험료 부담 체제의 공평성을 높이는 개혁은 적극 추진될 필요가 있다. 특히, 고용 중심의 사회보험제도의 틀을 이미 상당히 벗어난 건강보험의 경우, 직장가입자와 지역가입자 간 부담의 공평성을 실현하기 위한 노력이 기울여져야 한다.

소득재분배 강화를 위해 직접세 위주의 증세 우선

조세 중심의 복지체제를 확립해 나가되 조세 개혁의 방식도 결정되어야 한다. 보편복지를 추구한다면 보편증세가 맞기 때문에 소위 역진적이라고 이야기되는 부가가치세의 세율을 올리는 것이 필요하다고 주장하는 학자들도 있다. 부가가치세 인상을 주장하는 학자들은 사회민주주의 국가도 복지 확대를 위해 소비세에 일정 부분 의존했다는 점을 거론한다. 대표적 복지국가군인 북유럽 사회민주주의 국가들의 경우, 복지국가 초기부터 소비세에 대한 의존도를 높이기 시작해 소비세가 GDP에서 차지하는 비중이 1980년대 말까지 지속적으로 증가하였다는 것이다.

그러나 이 국가들에서 이미 소득세 비중이 매우 높은 수준이었다는 점이 간과되어서는 안 된다. 소득세의 비중이 이미 높은 수준이었기 때문에 더 이상 높이기 어려웠고 복지국가를 확대하기 위해서는 소비세에 대한 의존을 늘릴 수밖에 없었던 것이다. 한국의 경우, 그간 소득세의 비중이 증가해온 것은 사실이지만 다른 OECD국가보다 소위 역진적이라고 하는 소비세의 비중이 아직까지 과도하게 크다(〈그림 6.1〉). 따라서 아직까지는 역진적인 소비세보다 누진적인 소득세 위주의 증세를 먼저 추진하는 것이 바람직하다. 한편, 한국의 경우, 부가세가 역진적이지 않다는 점도 부가세 증세의 근거로서 제시되지만 부가세가 역진적이라는 연구결과도 존재한다는 점에 주의해야 한다.[5]

5 성명재(2012)는 분석 결과 부가세가 누진적이지도 역진적이지도 않은 것으로 분석하였으나 재정패널을 이용하여 분석한 성명재·박기백(2008)은 소비관련 조세들이 역진적이라고 분석한 바 있다.

〈그림 6.1〉 소득세/소비세의 추이 (한국과 OECD 평균 비교)

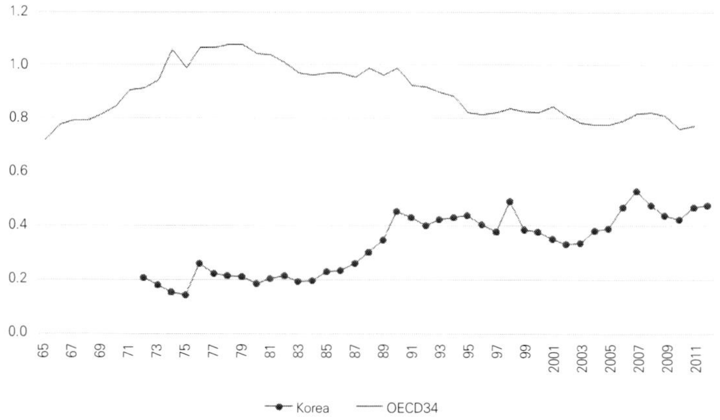

자료: OECD Statistics

직접세 중에서 자본소득 및 자산보유 과세 강화가 우선

주요 세목을 대상으로 증세안을 모색함에 있어 고려해야 할 원칙들은 효율성, 공평성, 세수확보, 조세저항 등이다. 그런데 한국의 조세체계는 산업화 시기부터 자본의 축적, 경제성장의 지원이라는 효율성 추구에 주로 초점이 맞추어져 자본소득 과세 및 보유자산 과세가 제대로 이루어지지 않았다. 이렇게 조세 정의가 훼손되어 있는 상황이기 때문에 증세에 대한 국민들의 조세저항이 높다. 향후 당분간은 수직적 공평성을 높이는 증세안을 마련함으로써 증세에 대한 국민들의 조세저항을 줄여야 한다.

첫째, 법인세는 현재 소득세에 비해 세율이 지나치게 낮은 상태이다. 단지 외환위기 이후 가계소득보다 기업소득이 증가해온 것 때문에 세수규모가 큰 상황이다. 특히, 문제가 되는 것은 2011년 기준 상위 1%기업이 당기순이익의 93.98%를 차지할 정도로 기업 이익에 있어서 기업 규모별 격차가 심각한데 상위10대 기업들의 실효세율이 대기업 평균보다 더욱 낮다는 점이다(강병구, 2015). 재벌 중심 한국경제의 가장 수혜자인 대기업에 소득이 집중되고 있는데 이들이 적정 수준의 세금을 내고 있지 않다는 것은 조세정의를 상당히 훼손하는 것이다. 따라서 이 문제를 교정하기 위해서는 특히 상위 대기업의 법인세 유효세율을 높일 필요가 있다.[6]

둘째, 효율성 면에서 큰 이득이 없고 근로소득에 비해 현저히 가볍게 과세된다는 의미에서 조세정의를 심각하게 훼손하고 있는 임대소득, 상장주식양도차익, 배당 및 이자소득에 대한 과세도 속히 정상화해야 한다. '넓은 세원, 낮은 세율' 전략이 최적조세 원칙으로 제시되고 있는데 이를 달성하기 위한 하나의 방안이 바로 금융소득, 자본이득에 대한 과세 강화이다. 특히, 상장주식양도차익 비과세의 경우, 한국 기업들이 노동자들을 희생시켜가며 막대한 이익을 올리고 있는데도 이로 인한 주가상승의 이득이 제대로 과세되지 않는다는 점에서 심각한 문제이다.

6 이에 대해 법인세보다는 소득세 과세 강화가 낫다는 주장이 있을 수 있다. 법인세를 높게 부과해도 배당에 대해 세액공제되고 소득세가 부과되므로 소득세 단계에서 충분히 과세하는 것이 낫다는 이유이다. 실제로 북유럽 복지국가들의 경우 법인세를 낮게 거두고 개인소득세를 많이 거두고 있다. 예를 들어 덴마크는 2011년 기준 법인세 세수는 GDP 대비 2.7%로 낮은데 비해 소득세 세수는 24.3%로 매우 높다. 그러나 한국은 대기업들의 내부지분율이 높아서 배당의 많은 부분이 계열사로 나누어지고 있는데 기업이 받는 배당은 이윤에 포함되어 법인세만이 부과되기 때문에 이후 높은 소득세율이 적용될 수 없다는 문제가 있다. 외국인이 획득하는 배당에 대해서도 이중과세방지협약으로 인해 제대로 과세할 수 없다.

셋째, 자본이득세에 대한 과세 강화와 같은 맥락에서 부동산 보유세에 대한 과세도 강화되어야 한다. 부동산을 임대하는 경우, 획득할 수 있는 소득을 기준으로 세부담을 평가한다면 부동산 보유세는 개인소득세에 비해 과하게 가볍게 과세되고 있다. 고액자산가에게 적절한 세부담을 지울 수 있도록 자산관련 세제가 강화되는 대신 증권거래세, 부동산 취득세는 완화되는 것이 맞는 방향이다.

소득세는 고소득층 과세 강화로부터

자본소득에 공평과세를 강화하는 것과 동시에 소득세의 소득재분배 기능을 전반적으로 높이기 위한 개혁이 필요하다. 소득세의 과표구간과 세율, 소득공제 및 세액공제 설계 방식에 따라 누진도와 세수규모가 달라질 수 있다. 이와 관련하여 현재 소득세의 누진도는 충분히 높기 때문에 누진도를 높이는 것을 목표로 할 것이 아니라 면세자 비중을 줄이고 세수규모를 늘리는 것이 더 긴급하다는 주장, 즉 '낮은 세율과 넓은 세원 원칙'을 추구해야 한다는 주장이 존재한다.

예를 들어 성명재(2011)는 현재 한국의 소득세의 누진도가 충분히 높으므로 소득세의 소득재분배 효과를 증대하기 위해서는 누진도를 높이기보다 선진국에 비해 현저히 낮은 소득세 실효세율을 높일 필요가 있다고 주장한다. 즉, 최고소득층의 실효 소득세율은 이미 선진국 수준에 도달할 정도로 높은 만큼 추가적으로 누진도를 강화하는 개편보다는 면세자 가운데 조세부담능력이 충분히 큰 경우 또는, 소득수준에 비해 실효과세율이 현저하게 낮은 계층의 과세를 현실화하는 방향으로의 개편이 바람직하다고 주장하였다.

〈그림 6.2〉 OECD국가들의 소득세 누진도와 실효세율

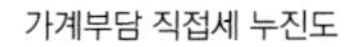

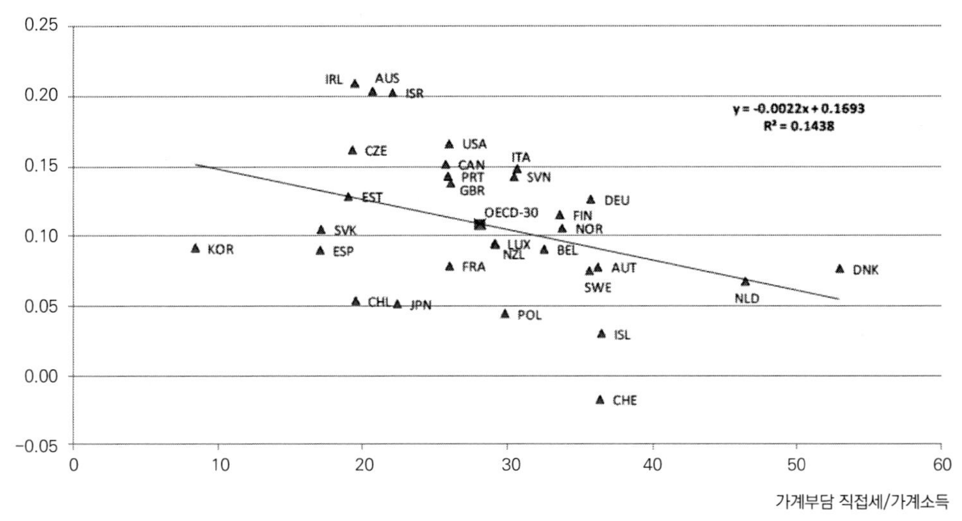

자료: Joumard, Pisu and Bloch(2012).
주: 가계부담세금의 누진도는 Kakwani지수(세금의 집중도 계수–복지이전지출 수혜 후 조세 납부 전 소득의 집중도 계수의 차이)로 계산됨. 프랑스와 아일랜드 자료는 2000년대 중반. 나머지는 2000년대 후반임.

그런데 조세의 소득재분배 기능이 강한 국가의 경우, 가계부담 직접세 누진도가 매우 높거나 가계부담 직업세의 세수규모가 높다는 특징을 보인다. 즉, 〈그림 7.2〉에서 OECD 평균을 지나는 우하향하는 선 위쪽에 위치한다는 점이다. 예를 들어, 미국의 세수규모는 OECD 평균 수준에 조금 못 미치지만 누진도가 매우 높고 덴마크는 그 반대이다. 한국은 평균 수준에 비해 누진도가 소폭 미달하고 세수규모가 크게 미달하는 특징을 보이고 있는 상태인데 세수규모의 확대만을 통해서 조세의 소득재분배를 달성하고자 한다면 가계가 내야 하는

세수를 대폭 늘릴 수밖에 없다. 이는 당장 가계에 큰 충격을 줄 것이므로 누진도와 세수를 동시에 늘려 조세의 소득재분배 효과를 올리는 전략을 취하는 게 바람직해 보인다. 즉, 소득세 상위 구간의 세부담이 먼저 강화되어야 한다는 것이다.

고소득층에 대해 과세를 강화하는 방안이 정치적으로 어려울 것이란 회의적인 시각도 있다. 양재진(2015)은 소득세 상위 1%에 대한 최고세율의 신설은 상징성 차원에서 필요하지만 중산층을 대상으로 하는 소득세율인상은 조세저항을 야기할 수 있으므로 부가가치세를 적극 활용해야 한다고 주장한다. 재원이 부족하여 복지를 확대하지 못하는 상황이 올 수도 있으므로 소폭의 세율 확대만으로도 적지 않은 세수를 가져다주는 부가가치세를 활용하여 복지를 확대할 필요가 있다는 주장이다. 양재진(2015)의 우려는 충분히 공감이 가지만 오히려 대다수 국민들의 증세에 대한 동의를 이끌어내기 위해서는 상위 1%에 대한 과세 강화로부터 출발하는 것이 되어야 한다. 한국의 상위 소득층이 다른 OECD국가들에 비해 상대적으로 더 낮은 세부담을 지고 있기 때문이다.

〈표 6.7〉은 근로소득 수준별로 실효세율(근로소득공제, 인적공제 실시만 고려)을 비교한 것인데 한국이 OECD 평균보다 모든 소득계층에서 세부담이 작지만 특히, 평균소득 이상의 상위 계층에서 세부담이 더욱 작은 것을 알 수 있다. OECD국가에서 1980년대 이후 넓은 세원 낮은 세율의 소득세 개편과 함께 상위구간의 소득세율이 하락함에 따라 소득세의 누진도가 약화되어 왔지만 2000년대 들어 저소득층의 세부담을 완화하는 조치들이 도입되면서 누진도가 다시 강화되었음에 주목할 필요가 있다. 이러한 비교에 따르면 한국의 소득세 체

〈표 6.7〉 가구 형태별, 소득 수준별 실효소득세율 수준(한국과 OECD 평균)

(단위: %, %p)

	독신			2인 가구			4인 가구		
평균소득 대비 소득수준	한국 (A)	OECD 평균 (B)	B-A (%p)	한국 (A)	OECD 평균 (B)	B-A (%p)	한국 (A)	OECD 평균 (B)	B-A (%p)
50%	0.9	7.3	6.4	0.7	4.6	3.9	0	3.1	3.1
67%	1.5	10.1	8.6	1.2	7.2	6.0	0.6	5.4	4.8
100%	4.6	13.6	9.0	4.0	11.0	7.0	2.2	9.3	7.1
133%	6.7	16.4	9.7	6.3	13.9	7.6	4.9	12.4	7.5
167%	8.2	18.5	10.3	7.9	16.4	8.5	6.7	15.2	8.5
200%	10.6	20.4	9.8	10.1	18.4	8.3	8.6	17.2	8.6
250%	13.0	22.4	9.4	12.6	20.7	8.1	11.4	19.8	8.4

주: 상시 근로자 기준
자료: OECD Taxing Wages(2014), 안종석(2015) 재인용

계는 전체적으로 유효세율을 올려야 하는데, 특히, 상위 계층의 유효세율을 더욱 많이 올리는 개편이 이루어져야 한다. 또한, 복지지출 수준이 아직 낮다는 점에서 당분간 저소득층보다는 먼저 고소득층의 유효세율을 OECD 수준에 가깝게 올릴 필요가 있다.

5. 조세정책의 방향

조세재정정책을 포함한 현 정부의 경제정책은 실패했다. 기대하는 낙수효과가 나타나지 않는 가운데 경제는 침체상태에서 벗어나지 못하고 있다. 문제는 이러한 상황에서도 현 정부는 정책기조를 수정하

는 대신 오히려 복지를 축소하고 신자유주의적 개혁을 완성하려 하고 있다. 그러나 현 정책으로는 경제위기와 저성장 및 양극화 문제, 다중격차 문제를 해결하기 어렵다는 것이 갈수록 명확해지고 있다. 지난 총선에서 복지확대를 공약으로 내건 야당들이 선전하여 여소야대를 이룬 것은 국민들이 현 정부 정책의 한계를 명확히 인식하고 있다는 증거이다. 국민들은 국가가 소득재분배 역할을 강화할 것을 요구하고 있는 것이다.

국가의 소득재분배 강화는 경제의 효율성을 해치지 않으며 오히려 경기회복과 경기성장의 촉매가 될 수 있다. 적극적인 재정정책을 위한 증세안으로는 당분간 수직적 공평성을 높이는 개편이 바람직하다. 자본축적과 기업 투자를 활성화하겠다는 목표로 인해 조세 정의가 심각하게 훼손되어 왔고 그로 인해 증세에 대한 국민들의 저항이 높기 때문이다. 따라서 법인세, 소득세에 있어 상위 계층의 세부담을 늘리고 부동산 보유세와 자본소득세를 강화하는 방식의 증세안을 먼저 실시하고 그로 인한 세수입을 복지확대에 사용함으로써 국민들이 증세와 복지확대에 적극적이 되도록 해야 한다. 또한, 복지가 충분히 주어지지 않는 상황에서는 저소득층의 세부담을 강화하지 않는 것이 바람직하다.

제7장

다중격차 시대의 복지국가와 사회정책

1. 다중격차와 교차성

우리는 다중격차의 시대에 살고 있다. 다중격차는 사회 불평등이 다차원적으로 형성되어 있으며, 여러 불평등의 차원 간에 상호작용이 일어나서 느슨한 형태의 '체계'를 이루고 있는 상태를 일컫는 개념어이다(신진욱 외, 2016). 노동시장 지위와 임금수준의 불평등은 심화되고 있지만, 노동시장 불평등이 가구소득 분포와 일치하는 것은 아니다. 자산 불평등은 소득 불평등보다 더 심각한 수준이라고 알려지고 있으나, 이 역시 소득과는 다른 원리로 하나의 분포를 구성한다. 나아가 다중격차는 임금, 소득, 자산과 같은 개별적인 경제적 자원(resources)의 격차들을 단순 병렬적으로 나열하고자 하는 것이 아니라 이것들이 하나의 체계를 이루고 있음을 지적하고자 하는 개념이다. 달리 말하자면, 다중격차는 다차원적인 불평등의 구조를 들여다보고자 하는 의도에서 개념화되었다.

다중격차에 대한 논의는 기본적으로 격차의 내용과 담지자, 그리고 격차를 초래하고 재생산하는 메커니즘이라는 세 가지 요소를 포함한다. 먼저 격차의 내용이라는 요소를 살펴보자. 불평등 혹은 격차란 '무엇인가' 불균등하게 분포되어 있다는 뜻이다. 불균등하게 분포되어 있는 것은 일차적으로는 임금, 소득, 자산과 같은 경제적 자원이다. 좀 더 넓게는 (교육 등의 분야에서의) 기회의 격차, (주거환경 등에서의) 웰빙(well-being)의 격차도 존재하며, 사회적 지위나 권력, 정치적 대표성에 있어서의 격차도 존재한다. 이 글에서는 경제적 자원 배분의 격차에 대해 초점을 두고 논의해보기로 한다.

격차의 담지자는 계급이나 계층, 성별, 세대, 민족 등의 집단에 속한 '개인'이다. 개별 행위자가 격차의 각 차원에서 다른 위치를 점한다는 사실, 그리고 이 때문에 불평등을 인식하고 대응하는 과정에서 나타나는 특징을 '교차성(intersectionality)'으로 포착할 수 있다(신진욱 외, 2016). '교차성'은 여성이기 때문에 경험하는 차별과 노동자로서 겪는 억압, 빈곤 게토지역에 거주하면서 느끼는 박탈이 중첩적으로 작동하는 현실을 묘사하는 개념이다.[1] 우리는 개인과 사회를 대비시키고 개인과 집단을 대비시키면서 그 특징들을 이해하는 방식에 익숙한

1 "교차성 이론 혹은 교차성 분석이란, 사람들이 겪는 여성억압 혹은 성차별의 경험이란 것이 젠더/섹스라는 이분법적 범주만으로 제대로 분석될 수 없음을 지적하는 동시에, 나아가 젠더/섹스뿐 아니라 어떤 사회적 범주라도 그것 하나만이 독립적으로 작동하여 순수한 효과를 생산하는 경우는 현실에서는 일어나지 않는다는 것을 강조하는 접근이다. (…) 젠더와 계급 뿐 아니라 여타의 사회적 범주들이 중첩적으로 작동하며 해당 여성 집단의 삶을 제약한다고 보면서, 그러한 중첩적 억압 구조를 교차적 현실 그 자체로서 이해할 것을 요구한다."(배은경, 2016)

데, 필자가 이 글에서 제기하고자 하는 설명방식은 이런 맥락이 아니다. 성이나 세대는 그 집단을 구성하는 단위가 개인이지만, 계급이나 계층의 구성단위는 개인이 아니라 가족(또는 가구)이라는 점을 상기시키고자 한다. 가족의 구성원들은 경제적 자원을 공유하는 경향이 있다. 흔히 소득과 자산을 가구를 단위로 측정하는데, 이것은 가구를 소비와 생활의 공동체로 간주하기 때문이다. 우리가 빈곤인구의 규모를 알고자할 때, 가구소득이 일정수준 이하인 가구에 속한 모든 가구원의 수를 세고, 그에 따라 가구단위로 생계급여를 지급한다. 필자는 '가족'이라는 사회적 제도가 다중격차 구조에서 매우 중요한 의미를 지닌다고 주장하고자 한다.

가족의 전통적 기능이 상실되면서 성(gender)과 세대는 사회문제로 등장하였다. 가족은 전통적으로 부부와 부모-자녀 간에 상호 돌보고 부양하는 기능을 하는 것으로 여겨졌다. 경제적 자원과 생활을 공유하는 단위로 간주되면서 그에 속한 개인들의 불평등이 은폐되고 개성과 욕구가 억압되어온 것은 부정할 수 없는 바이다. 개인을 가족으로 묶어서 생각하기 때문에 몰성적(gender-blinded) 시각이라는 함정에 빠지게 되며 세대문제에 대해서도 대안을 가지기 어려운 것은 당연한 결과이다.

격차를 초래하고 재생산하는 메커니즘으로 제일 먼저 주목해야 하는 것은 자본주의적 생산관계이다. 개별 행위자는 자본주의적 생산관계에 결합되는 방식(계급)에 따라 경제적 자원과 권력의 불균등한 배분에 노출된다. 복지국가는 이 문제를 해소하기 위한 정치적 과정의 산물이다. 즉, 복지국가는 역사적으로 당면한 '임금노동자의 문제'에 대한 하나의 대답인 것이다(Zimmermann, 2006). 자본주의 사회에서 개별 행위자로서 임금노동자는 '개인'이지만 단순히 개인으로만 간주되지는 않는다. 노동시장에서 경제적 자원이 노동과 자본, 그리고 노동자들 간에 배분되는 일차분배에 있어서조차 노동자들은 단순히 개인이 아니라 '가장(breadwinner)' 또는 '이차소득자(second earner)'로 구분된다. 다양한 정책을 통해 이차분배가 일어나는 과정에서는 더 말할 나위가 없다. 빈곤구제를 위한 공공부조뿐만 아니라 노후연금이나 실업보험에서도 급여액은 가구의 구성과 가구 내 위치에 따라서 달리 책정된다.

요약하자면, 복지국가는 '계급'을 중심으로 불평등을 사고하는데, 이때 개인이 아니라 가족이라는 단위를 그 전제로 한다. 임금노동자 한 명 한 명은 개인이지만, '가족'이라는 사회제도를 거쳐 경제적 자원의 분포가 최종적으로 결정된다는 사실을 간과해서는 안 된다. 자본주의적 생산관계에서 초래된 불평등을 완화하기 위한 사회정책도 흔히 가족을 단위로 삼아 시행된다. 달리 말하자면, 자본주의에 가부장제가 중첩되는 것이다. 이 때문에 격차의 담지자로서 여성이나 청년은 계급불평등에 일치하지 않는 다른 불평등, 즉 '교차성'을 경험하게 된다.

이 글은 복지국가가 계급불평등에 대응하는 방식이 지니는 가족주의적(또는 가부장제적) 특징 때문에, 복지정책이 다차원적으로 구조화되어 있는 사회적 불평등에 효과적으로 대응하기 어렵게 되었다고 본다. 젠더문제와 세대문제가 그 대표적인 사례이다. 이 문제에 대한 해결방안은 복지국가에 이미 일부 편입되어 있는 보편주의적 성격의 사회정책을 확대하는 것이라고 주장하고자 한다.

2. 다중격차와 전통적 복지국가의 한계

복지국가는 어떻게 기능해왔나?

복지국가는 자본주의적 생산관계가 낳는 불평등의 문제를 해소하는 것을 목적으로 한다. 달리 말하자면, 계급을 중심으로 불평등의 문제를 사고한다. 따라서 경제적 자원의 격차 문제에는 비교적 효과적인 대안을 제시해왔지만, 그 밖에 다른 격차의 차원들, 예컨대 인종이나 민족, 성적 지향, 종교적 차이 등에 따른 인권문제에는 그다지 효과적인 대응을 하지 못하였다. 유럽의 복지국가들이 지금까지 이민자 문제나 종교적 갈등 문제에 적절히 대응하는 유효한 사회정책을 가지고 있지 못하다는 점은 근래에 와서 부쩍 더 분명하게 드러나고 있다. 이에 더하여 전통적인 복지국가가 경제적 자원의 재분배에 있어서도 그 효능감이 점차 떨어지고 있다는 우려가 제기되고 있다. 복지국가가 이러한 난관에 봉착하게 된 이유는 무엇일까?

이 질문에 답하기 전에 먼저 역사적으로 복지국가가 자본주의 경제체제의 폐해를 줄이기 위해서 취해온 제도적인 노력들을 몇 가지 범주로 나누어서 살펴보자. 짐머만(Zimmermann, 2006)은 서구 복지국가는 자본주의가 낳은 사회현상인 '임금노동자의 문제'에 대응하는 과정에서 탄생하였으며, 그 방식은 부적절한 근로조건과 고용불안으로부터 노동자를 보호하는 제도(고용보호)와 고용단절 시에 노동자와 그 가족을 보호하는 사회적 보호제도의 두 가지로 구성된다고 하였다. 고용보호와 사회적 보호의 결합은 다양한 양식으로 이루어지는데, 보놀리(Bonoli, 2003)는 고용보호법제(Employment Protection

Legislation, EPL)가 노동법규제와 단체협약의 두 가지 방식으로 구분되며, 사후적 재분배를 시도하는 소득보장제도까지 포함하여 세 가지 제도 모두 임금노동자의 경제적 안전을 보호하는 기제라는 점에서 '기능적 등가물(functional equivalents)'라고 하였다. 아이호스트와 콘레자이들(Eichhorst and Konle-Seidl, 2005)은 고용보호는 하나의 범주로 두고, 사회적 보호제도를 소극적 소득보장제도와 적극적 노동시장정책으로 구분하여 역시 같은 기능을 하는 것으로 보고 있다. 한편, 에스핑 안데르센(Esping-Andersen, 1990)은 사회서비스가 발달하여 중요한 기둥의 역할을 하는 노르딕국가를 사민주의 복지국가라고 유형 분류하였고, 모렐을 포함한 다수 학자들(Morel et al., 2011)은 이러한 전통을 이어받은 복지국가를 사회투자국가라고 명명하였다. 이러한 이론적 흐름들을 종합적으로 고려하면, 복지국가의 제도들은 고용보호, 소득보장, 사회서비스의 세 가지 범주로 구분할 수 있다. 이하에서는 각각의 범주들이 어떻게 기능해왔으며, 특히 불평등의 다차원적 특성과는 어떤 관계가 있는지 하나씩 살펴보자.

첫째, 복지국가는 임금노동자의 노동권을 보호하기 위한 고용보호 법제를 운영하였다. 일차적으로는 근로기준을 세우고 단결권을 인정하였다. 하지만 무엇보다도 남성 가장의 고용안정을 도모하기 위하여 노력하였는데, 불황기에 여성의 노동시장 진입을 자제시키는 방법을 동원하는 것도 주저하지 않았다. 전시에 여성들을 공장으로 불러 모았다가 전쟁이 끝난 후에는 여성의 자리는 가정이라며 돌려보낸 사례를 찾는 것은 어려운 일이 아니다. 여성들이 노동시장에 전면적으로 진입하고 경제적 독립을 추구하게 된 변화와 제조업종에서 남성 생산직 노동자의 일자리가 줄어들게 된 변화가 만나는 시기에는 여성에게 시간제 노동을 권하는 타협안이 도출되었다. 남성 가장의 고용을 우선적으로 보호하고 여성은 가계에서 보조적인 역할을 담당하게 하는 방식의 제도들은 개별노동자 간 임금 불평등은 크게 심화시켰지만, 가구의 소득수준 격차는 완화시키는 방식으로 작동해 왔다.

고용보호는 일단 고용되어 있는 노동자를 보호하는 경향이 강하기 때문에 정도의 차이는 있으나 내부자-외부자 문제를 초래하지 않을 수 없다. 이는 여성뿐 아니라 청년에게 절대적으로 불리한 방식으로 노동시장제도가 작동한다는 것을 의미한다. 스웨덴에서는 고용조정의 우선순위를 정함에 있어서 근속기간이 짧은 자를 먼저 퇴출시킨다고 법적으로 명시하고 있으며, 다른 나라들에서도 사회적 보호의 필요성이 상대적으로 적은 자를 먼저 내보낸다는 원칙을 가지고 있는 경우가 많은데 이때 나이가 많을수록 재취업이 어렵고 부양가족이 많은 것으로 간주하여 보호의 필요성이 더 큰 것으로 해석하는 경향이 있다. 경제성장의 속도가 둔화되고 일자리가 늘어나지 않는 상황에서 노동시장의 이중구조화는 대부분의 국가에서 당면한 현실이 되었고, 여기서 외부자에 속하는 청년층의 높은 실업률이 사회적 고민거리가 되었다.

둘째, 임금노동자가 질병·노령·실직 등으로 인해 소득활동이 중단되거나 빈곤에 빠지는 경우에 대비한 소득보장제도이다. 복지국가의 소득보장제도는 다시 크게 세 가지 유형으로 구분된다. 첫째는 사회보험제도를 통한 소득보장으로서, 임금노동자의 소득활동이 피치 못할 사정으로 단절되었을 때라도 과거의 생활수준을 어느 정도 유지할 수 있도록 소득을 보장하는 제도이다. 당연히 근로이력과 과거 소득수준에 강하게 연동되는 제도일 수밖에 없다. 노동시장에서 강자가 사회보험제도 내에서도 좋은 위치에 선다. 남성 가장에게 일정 수준 이상의 소득을 보장함으로써 그 가족까지 보호하는 전형적인 방식이다. 둘째는 보편적 현금급여의 형식을 띠는 소득보장제도가 있다. 아동수당이나 기초연금과 같은 특정 범주에 속한 사람들에게 보편적으로 제공되는 방식이 흔히 볼 수 있는 유형이다. 모든 개인에게 일정금액을 지급하자는 기본소득(basic income) 논의도 이러한 제도의 연장선상에 있다. 이러한 유형의 소득보장은 가족을 매개로 하지 않고 개인에게 직접적으로 권리를 부여하는 특징이 있다.

셋째이자 마지막으로, 최후의 안전망 역할을 하는 공공부조가 있다. 가구단위로 소득과 자산 수준을 측정하여 일정수준(빈곤선) 이하인 것으로 확인되면 '빈곤'으로 정의하고 빈곤선과 가구소득 간의 차이만큼 현금과 현물급여를 지급하는 방식으로 설계된다. 애초에 빈곤 여부는 개인이 아니라 가족(가구)을 단위로 판단되고 빈곤구제 방식도 가족에 대한 지원으로 꾸려진다.

이상과 같은 세 가지 유형의 소득보장제도가 각각 어느 정도의 비중으로 결합하고 있는지는 나라마다 다르고, 그 차이는 복지국가의 성격을 드러내는 중요한 지표가 되기도 한다. 사회보험제도의 비중이 큰 경우는 노동자와 그 가족을 보호하는 시스템이며 노동시장의 내부자-외부자 간의 격차가 사회적 보호의 영역에까지 관철되는 이중구조의 특성을 갖기 쉽다. 공공부조는 이중구조와는 상관이 없지만 가족을 구제하는 제도이다. 보편주의적 현금급여제도는 가족 단위가 아니라 개인으로서의 권리로 일정 수준 이상의 생계를 보장하는 제도이다.

복지국가가 자본주의 체제에 대응하는 방식으로 취한 세 번째 제도는 사회서비스제도이다. 대부분의 사회에서 교육과 의료, 돌봄(care), 직업훈련은 국가가 제공하는 공공서비스로 자리 잡았다. 자본주의의 폐해를 줄이기 위해서는 이렇게 일상생활에서 필수불가결한 서비스가 시장에서 거래되도록 두어서는 안 된다는 정신이 밑바탕에 깔려 있다. 소득보장을 넘어서서 사회서비스를 제공하는 역할을 국가가 자임하는 복지국가는 스칸디나비아에서 가장 적극적으로 추진되었는데, 스칸디나비아 복지국가들이 안정적으로 발전하고 있다는 점과 사회서비스제공이 소득보장에 비해서 노동시장에 미치는 긍정적인 영향이 크다는 점이 인식되면서 유럽 전역에서 빠르게 확산되고 있다. 사회서비스는 보편복지나 저소득층복지 어느 쪽으로든 설계할 수 있지만, 현물급여이기 때문에 수급의 단위는 가족이 아니라 개인이 되는 것이 일반적이다.

전통적인 복지국가가 당면한 문제

1970년대 이후 유럽에서는 복지국가의 황금기가 저물어간다는 위기감이 대두되었고, 1980년대에 들어와서는 본격적으로 복지국가의 '재편'이 논의되기 시작하였다. 복지국가가 난관에 봉착하였다면, 그 원인은 무엇이었나? 많은 이들이 복지국가의 유지·발전이 어려워 보이는 것은 그것이 기반하고 있는 세 가지 기초인 계급, 국가, 가족이 약화되었기 때문이라고 설명한다. 틀린 대답이 아니다. 그리고 계급, 국가, 가족의 약화는 앞 절에서 살펴본 복지국가의 하위제도 영역들에서 각각 달리 영향을 미치게 된다. 계급, 국가, 가족의 약화라는 현상과 그것이 초래한 결과를 하나씩 살펴보자.

첫째, 전형적인 유형의 임금노동자 비중이 줄어들면서 계급이 약화되었다. 먼저 나타난 현상은 탈산업화와 서비스경제로의 전환이었다. 제조업 노동자의 비중은 줄어들었고 서비스업 종사자가 늘어나면서 파트타임 근로자와 그 밖에 다른 여러 가지 유형의 비정규직이 늘어났다. 한 발 더 나아가 디지털경제와 정보통신기술의 발전에 따라 인터넷 플랫폼을 기반으로 하는 주문형 경제(on-demand economy)의 확대가 이루어졌는데 이로 인해 고용이 불안정한 비정규직의 규모는 더욱 늘어났을 뿐 아니라, 이제는 임금근로자와 비임금근로자의 경계 자체도 허물어지는 듯 보이는 현상이 관찰된다. 특수고용형태종사자로 불릴 만한 사람들, 고용주가 누구인지 확정하기 어려운 고용형태들이 늘어나고 있다.

탈산업화와 서비스경제, 디지털경제 등의 환경변화는 고용보호법제의 완화를 매개로 비정규직의 확산과 고용불안정성의 증가를 초래한다. 그런데 여기서 계급의 약화는 전체 노동계급의 지위와 영향력이 줄어드는 현상을 지칭하는 것임에 틀림없지만, 그 내용을 자세히 들여다보면 노동계급 내에서 내부자-외부자 간의 이중구조화가 나타나는 것 또한 사실이다. 비정규직의 확산과 고용불안정성의 증가는 모든 임금노동자가 똑같이 느끼는 위기감이라기보다는 주변적인 노동시장에서 주로 강하게 나타나는 현상이다.

이러한 노동시장의 변화가 사회보장제도에 미치는 영향은 심대하다. 일차적으로는 사회보험제도의 안정성이 크게 위협받게 된다. 사회보험제도는 노동자계급의 계급 내 연대와 노동-자본의 암묵적인 협약에 근거한 것이므로, 보호의 필요성이 큰 불안정 노동자층이 크게 늘어나고 노동자성과 사용자성의 구분이 모호한 집단이 증가하는 상황에서는 유지되기 어렵다. 보호 대상의 범위를 축소하여 이중화 또는 사각지대의 문제에 직면하게 되거나, 사회보험재정의 안정성이 훼손될 위험이 있다. 어느 쪽이든 사회보험의 원리와 기능 자체에 대한 이의제기가 대두될 수 있다.

두 번째로, 경제의 글로벌화로 인하여 국가의 재정적, 정책적 자율성이 감소하면서 '국가' 자체가 약화되는 것 아닌가 하는 우려가 발생하였다. 성장률이 낮아지는 데다가 자본의 역외 이탈을 막기 위하여 경쟁적으로 여러 가지 세제상의 혜택을 부여하는 형편이다. 뿐만 아니라 고용에 대한 보호규정도 앞다투어 완화하면서 비정규직의 비율이 증가하고 비정규직에 대한 처우도 악화되었다. 국가가 제공하는 소득보장제도는 특정 영역에서 급여기간의 단축이나 급여수준의 하락을 경험하는 경우가 자주 발생하였다.

그런데 여기서 한 가지 언급하고 넘어가야 할 것이 있는데, 국가의 재정적 자율성이 감소할 수밖에 없다는 이론적 전망에도 불구하고 경험적으로 볼 때에는 개별 국가의 국민총생산(GDP) 대비 사회지출 금액은 줄어들지 않았다는 사실이다(Hausermann, 2013)(〈그림 7.1〉 참조). 복지국가는 내용적으로 그 제도적 구성을 변화시킬 수는 있으나, 복지국가 자체의 발전은 비가역적이라는 주장이 나올 수 있는 대목이다. 이는 다음 절에서 다시 논의하기로 한다.

세 번째, 가족의 기능이 약화되었다. 노동시장에서 제조업 일자리가 줄어들고 서비스 일자리가 늘어나는 산업구조 변동과 여성의 고학력화가 맞물리면서 성역할에 있어서 가히 혁명적인 변화가 나타났다(요스타 에스핑-안데르센, 2014). 만혼으로 인한 1인가구의 증가나 이

혼으로 인한 한부모가구의 증가와 같은 인구구조상의 변화도 물론 중요하지만, 남성생계부양자형의 젠더질서가 더 이상 일반화되기 어려운 현실이 되었다는 데에 주목할 필요가 있다. 남성가장의 소득활동만으로 가족을 모두 부양할 수 있었던 시대는 지나갔다. 노동시장에서 여성들이 경험하는 저임금과 차별적 처우의 문제가 '가족'이라는 제도를 통해서 은폐되는 경향이 완전히 사라진 것은 아니지만, 그 정도는 과거에 비해서 줄어들 수밖에 없다. 또한, 여성의 노동시장 진출이 증가하면 할수록 남편의 지위에서 오는 계급·계층적 소속감과 자기 자신의 노동시장 지위 간의 불일치를 경험하는 여성이 많아진다. 이와 유사한 문제는 최근 청년층으로 확대되었다. 서구 복지국가에서는 '가족'의 보호책임을 묻지 않고 개인의 생계와 소득보장을 국가의 책임으로 전환한 중요한 경험을 가지고 있는데, 바로 연금제도를 통한 노후소득보장이다. 복지국가의 형성기부터 노년기의 생계는 자녀의 책임으로 부과되지 않았는데, 이는 가족의 범주를 설정하는 전통과도 관련이 있을 듯싶다. 이와는 달리 미성년 자녀에 대한 부모의 책임은 여전히 가족의 범주 내에서 이루어지는 일로 간주되는 경향이 강하다. 하지만 전통적인 가족의 기능이 약화되면서 복지국가의 역할이 교육과 돌봄(care)의 영역으로 확대되고 있는 것 또한 분명한 현실이다.

다중격차와 복지국가의 관계

전통적인 복지국가는 계급을 중심으로 불평등을 사고하는 체계이다. 즉, 노동시장에서의 위치에 따라서 보호의 수준과 방식이 정해진다. 그런데 고용보호와 사회적 보호를 통해서 복지국가가 보호하는 것은 개별 노동자들이 모인 집단이 아니라 노동자와 그 가족이다. 노동계급의 구성단위가 '가족'이 되어야 할 논리적 필연성은 없지만 복지국가 형성기를 이끌었던 노동계급이 제조업 남성노동자였고, 애초에 자본주의는 가부장제와 긴밀하게 얽혀서 전개되어왔다는 배경이 중요하게 작용하였다. 복지국가에서 고용보호와 소득보장은 장년층 남성노동자와 그 가족을 보호하는 제도로 자리 잡았다. 성별이나 연령과 세대에 따라 개인들이 어떤 불평등을 경험하는지에 대해서는 둔감해질 수밖에 없다. 이러한 틀을 격차 해소의 관점에서 보면, 개인단위의 격차와 가구단위의 격차에 괴리가 발생하게 되고, 가족의 구성원들은 자신들이 가족 내에서나 계급적으로 부여된 정체성에 따라서 불평등의 교차성을 경험하게 된다.

남성생계부양자를 보호하고 가족을 단위로 소득을 지원하는 방식의 전통적인 복지국가가 그 유효성을 위협받게 된 것은 계급구조의 변화와 가족 기능의 변화라는 근본적인 사회변동 때문이다. 현시대에 내부노동시장에 대한 보호를 강화하고 사회적 보호를 근로이력과 긴밀하게 연동시켜 남성가장의 가족을 보호하는 제도를 유지하면, 그 결과는 서구 복지국가의 전성기였던 1960년대와는 다른 양상으로 나타나게 된다.

첫째, 경제성장률이 둔화된 시기에 노동시장에 진입하고자 하는 후발주자들, 즉 여성과 청년들을 보호의 범위 안쪽으로 끌어들이기 어렵기 때문에 내부자-외부자, 정규직-비정규직의 이중화가 나타나고 개인단위의 근로소득 격차는 과거보다 더욱 커지게 된다. 이것은 노동시장의 공정성 문제나 효율성 문제로도 이어진다. 둘째, 부부와 자녀로 구성된 전통 핵가족이 전체 사회에서 차지하는 비중이 낮아지면서 복지국가가 제공하는 소득보장제도가 보호하지 못하는 인구가 늘어나게 된다. 보편적 급여 형식의 사회수당이 발달한 경우가 아니라면 공공부조제도의 부담이 증가하게 되고, 이것마저 부실하면 빈곤인구가 증가하는 것을 막을 수 없다.

3. 복지국가의 진화

〈그림 7.1〉에서 살펴볼 수 있는 바와 같이, 지난 30여 년 동안 주요 복지국가들에서 GDP 대비 사회지출은 약하게나마 증가해왔다. 적어도 전체 규모 측면에서 복지국가의 축소가 추세였다고 주장할 수는 없다. 그렇다면 내부구성은 어떻게 달라졌을까? 서구 복지국가들은 경제의 글로벌화나 경기불황으로 인하여 복지국가의 위축이 예견되었던 시기에도 GDP 대비 사회지출의 비중을 축소시키지는 않았던 것으로 나타났는데, 이는 소득보장이나 고용보호 같은 전통적인 정책에 대한 지출은 감소하였으나 다른 한편에서 일-생활 균형(work-life balance: WLB)이나 적극적 노동시장정책(active labor market policy: ALMP) 같은 새로운 사회정책 프로그램에 투입된 지출이 빠르게 늘어났기 때문이었다(Hausermann, 2013)(〈그림 7.2〉 참조). 보육서비스, 육아휴직제도, 직업훈련, 고용서비스 등이 대표적으로 확대된 사회정책들이다. 이런 정책들이 격차의 다중성이라는 관점에서 볼 때 어떤 특징을 갖는 정책들인지 생각해보자.

전통적 복지국가의 대표적 프로그램은 노동자의 근로이력에 연동

〈그림 7.1〉 주요국의 GDP 대비 사회지출 비율

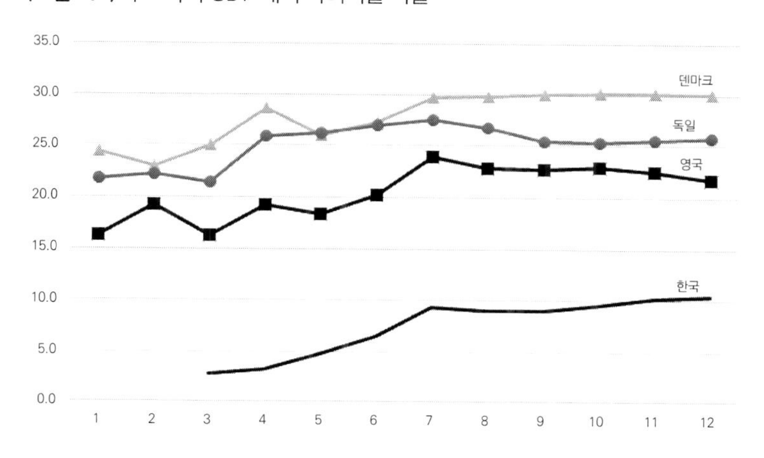

자료: OECD Social Expenditure DB

〈그림 7.2〉 신·구 사회정책의 확대 또는 축소에 따른 복지개혁의 성격

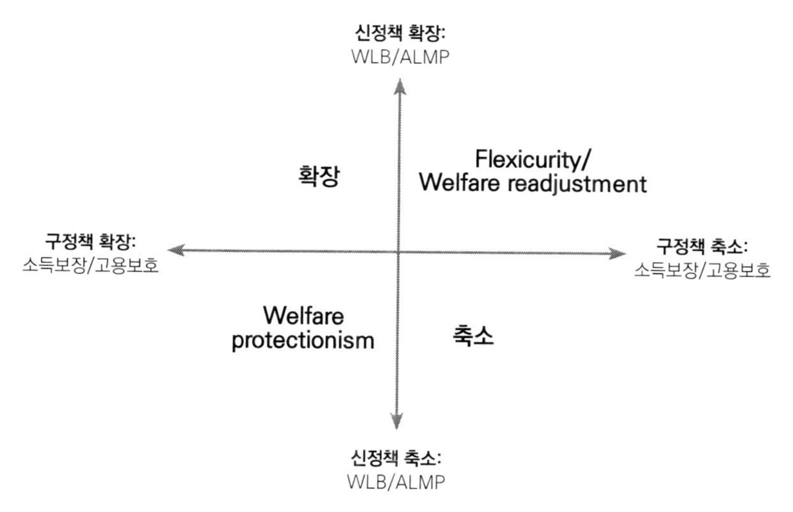

자료: Hausermann(2013).

되고 그 가족까지 보호하는 소득보장제도이지만, 반드시 이런 내용들로만 채워져 있는 것은 아니다. 사회서비스나 보편적 수당 같은 제도들은 고용형태의 분화나 가족의 약화라는 사회변동에도 불구하고 여전히 잘 작동할 수 있는 보호원리에 기반하고 있다. 그리고 현대 복지국가는 이러한 제도들을 점차 확대해왔다. 그런 정책들이 어떤 것들인지 찾아보자.

이 글에서 주장하는 계급과 가족이라는 키워드를 중심으로 복지국가의 전통적인 제도들과 새로운 제도들을 다시 분류해보면 다음과 같다. 고용보호법제는 노동시장 지위와 연관성이 높으며 내부자를 보호하는 경향이 있으며 결과적으로 가족 보호의 성격을 띤다. 소득보장제도 중에서 사회보험 기반의 제도, 예를 들어 실업보험이나 소득비례 노후연금도 노동시장 지위와 연관성이 높고 결과적으로 노동시장 내부자와 그 가족을 보호하는 성격을 띤다. 최후의 사회안전망인 공공부조는 계급과는 상관이 없지만 가족을 지원단위로 하는 제도이다. 기초연금이나 아동수당, 기본소득과 같이 보편급여의 성격을 띠는 사회수당은 계급과는 상관이 없으며 가족이 아니라 개인을 수급단위로 하는 소득보장제도이다. 노인돌봄이나 아동돌봄과 같은 대인서비스, 고용서비스와 직업훈련과 같은 적극적 노동시장정책, 그리고 좀 더 넓게는 모든 의료서비스와 공교육제도는 계급적 지위와 상관이 없고, 가족단위가 아니라 개인을 지원하는 제도들이다.

결국 보편적 현금급여와 보편적 서비스제공은 사회보장의 이중구조화 위험으로부터 자유로울 뿐 아니라, 가족단위 급여가 낳는 보호의 사각지대 문제로부터도 자유롭다. 따라서 다층적인 격차 구조에서 재분배의 효과가 크고, 청년층이나 여성이 특별히 불이익을 당할 우려도 없다. 흔히, 소득활동 단절의 위험에 대응하는 실업보험이나 공공부조가 근로의욕을 저해하여 노동공급을 줄이는 부정적인 효과가 있다는 우려 때문에 강력한 활성화조치들을 부과하곤 하는데, 보편급여는 이러한 우려로부터도 자유롭다. 새로운 고용형태의 분화와 전통적 가족 기능의 쇠퇴에도 불구하고, 복지국가가 사회적 보호 역할을 다하고 다중격차에 효과적으로 대처하기 위해서는 복지급여에 보편주의를 도입하고 수급단위를 개인화하는 것이 필요하다.

보편적 서비스와 보편적 현금급여의 장점은 도입했을 때 재분배의 효과가 크다는 측면에만 있는 것이 아니라, 실현가능성이라는 측면에서도 찾을 수 있다. 복지국가의 확대를 위한 사회적 연대(복지동맹)는 현실적으로 매우 어렵다고 한다. 조세를 통하여 복지재정을 마련해내는 정치적 과정 자체도 어렵지만, 어떤 제도를 도입하고자 할 때 그 제도를 둘러싼 이해관계가 복잡하게 얽히게 마련이기 때문이다. 계급구조가 달라지고 가족의 기능이 해체된 상황에서 과거의 서구 복지국가 형태를 따라가기 위한 연대는 더욱 어려워 보인다. 그러나 목표를 달리 설정하면 상황은 달라지지 않을까? 예를 들어, 상당한 규모의 사각지대를 가지고 있는 국민연금을 더 내고 덜 받는 방식으로 개편하는 과정에서는 정규직 임금노동자와 자영업자가 연대하기 쉽지 않아 보이지만, 기초연금 인상을 위한 연대는 가능할 수도 있을 것 같다는 뜻이다.

마지막 논점으로, 보편주의적 급여가 다중격차의 시대에 적합한 사회정책 프로그램이라면, 보편적 서비스와 보편적 현금급여 중에서는 어느 쪽이 더 우선적으로 추진되어야 할 것인가? 필자는 이 질문이 매우 중요한 사회적 선택이라고 생각하며, 보편적 서비스가 보다 우선적으로 추진되는 것이 바람직하다고 주장하고자 한다. 보편적 서비스는 사회투자전략이라는 이름으로 중도우파에서 중도좌파에 이르는 폭넓은 지지층을 확보한 경험이 있다. 이러한 지지의 근거는 공적자원의 투입이 인적자원의 향상이라는 방식으로 되돌아올 것으로 기대되기 때문이기도 하고, 근로의욕에 미치는 부정적인 영향이 전혀 없기 때문이기도 하다.

보편적 현금급여는 현실적으로 두 가지 위험 요소를 가지고 있다. 첫째, 최근 여러 복지국가에서 일어나고 있는 기본소득 논의에서 발견되는 바와 같이, 보편적 현금급여가 기존의 다양한 복지제도의 대체물로 여겨지는 데서 오는 위험이다. 급여를 낮게 책정하면서 기존 정책들을 대체하는 방식으로 도입된다면 이는 명백하게 복지국가의 후퇴를 초래하게 될 것이다. 둘째, 교육, 의료, 돌봄과 같은 가장 기본적인 사회서비스에서 공공성을 강화하는 제도 개선이 이루어지는 대신, 이런 서비스가 공공성이 결여된 시장에 내맡겨진 상태에서 단순히 소비자의 구매력을 높여주는 방식이 먼저 도입되는 결과가 될 수 있다는 우려다. 이렇게 된다면 여러 가지 부작용이 나타날 수 있는데, 일차적으로 예상할 수 있는 결과는 소득계층별로 차등적인 서비스를 받게 되는 것이다. 저소득층은 현금급여로 가장 낮은 수준의 사회서비스를 구매하게 되고, 부유층은 금액을 추가하여 값비싸고 고급스러운 사회서비스를 구매하게 되는 식이다. 이것은 사회적 불평등 구조를 강화하는 결과로 이어지게 될 것이다.

4. 보편주의와 수급단위의 '개인화'

전통적인 복지국가는 계급을 중심으로 불평등을 사고하는데, 이 때 계급의 기본 구성단위는 개별노동자라기보다는 노동자와 그 가족이다. 고용보호를 통해서는 노동시장 내부자인 남성 가장을 보호하였고, 소득재분배 정책 역시 사회보험제도를 중심으로 이루어지면서 남성 가장과 그 가족의 기본 생활 유지에 기여하는 방식으로 운영되었다. 지난 30여 년 간 일어난 사회변동, 즉 계급과 가족의 약화라는 사회적 변화 속에서 전통적인 복지국가가 예전처럼 운영된다면 그 결과는 과거 복지국가 전성기와 같을 수 없다. 기존의 방식으로는 노동시장이 이중화되고 개인의 근로소득 불평등이 심화되며, 소득보장제도가 보호하지 못하는 인구의 비중이 증가한다. 가구주의 계급적 지위에 일치하지 않는 차별과 불평등을 경험하는 외부자들이 증가하는데, 주로 여성과 청년층에게서 이러한 위험은 더 높게 나타난다.

복지국가는 사회변동에 적합한 새로운 방식의 보호원리를 점차 확대해왔다. 예를 들어, 사회서비스나 사회수당 방식의 보편적 급여는 계급구조와 가족이라는 사회제도를 넘어서는 복지국가 사회정책이다. 새로운 고용형태의 분화와 전통적 가족 기능의 쇠퇴에도 불구하고, 복지국가가 사회적 보호 역할을 다하고 다중격차에 효과적으로 대처하기 위해서는 복지급여에 보편주의를 도입하고 수급단위를 '개인화'하는 것이 필요하다. 보편적 서비스와 현금급여의 장점은 도입했을 때 재분배의 효과성이 높다는 사실에만 있는 것이 아니라, 실현가능성이라는 측면에서도 찾을 수 있다. 보편적 서비스와 보편적 현금급여 중에서는 전자를 우선적으로 추진하는 것이 바람직할 것이다.

제8장

다중격차와 한국정치: 불평등 정치의 역사와 정치개혁

1. 다중격차시대에 정치를 소환하는 이유

다중격차란 한 사회의 불평등 요소들, 즉 경제적 불평등, 교육 불평등, 지역 간 불평등이 상호작용을 통해 구조화되는 양상을 설명하는 불평등 개념이자 분석틀이다. 소득과 자산 등의 경제적 불평등 안에는 노동과 젠더, 그리고 세대와 같은 또 다른 차원의 격차를 재생산하는 요소들이 상호작용하고 있다. 예전에 계층상승 혹은 개인의 사회적 지위변동에 유력한 기회요소였던 교육 역시 현재는 이러한 격차를 구조화하고 재생산하는 중요한 요인으로 자리 잡은 지 오래다. 지역 간 불평등은 수도권과 비수도권의 격차뿐만 아니라 비수도권 내 격차의 구조화와 연결될 때 불균등한 삶의 조건을 재생산한다는 점에서 불평등의 중요한 쟁점으로 부각될 수 있다.

그렇다면 정치는 이러한 다중격차 혹은 난마처럼 얽힌 불평등과 어떤 관계를 갖고 있는가? 한마디로 정치가 잘되면 불평등도 해소되는가? 정치가 잘된다는 것은 무엇을 의미하는가? 싸우지 않는 국회를 만들면 정치가 잘되는 것인가? 그렇다면 화기애애한 국회가 만들어지면 불평등도 완화될 수 있을까? 질문에 질문이 꼬리를 문다.

여기에 답을 얻기 위해서는 정치가 무엇인지 생각해보는 것이 순서일 듯하다. "정치란 무엇인가?"라는 다소 막막한 질문보다 정치가 불평등과 관련하여 무엇을 할 수 있는가, 혹은 해야 하는가로 좁혀서 생각해보자.

복지국가라고 하면 떠오르는 스웨덴을 비롯한 복지자본주의의 대표적인 연구자인 에스핑-안데르센(Esping-Andersen)은 복지국가의 정치를 한마디로 "시장에 반하는 정치"(politics against markets)로 규정했다. 시장은 자본주의체제가 유지될 수 있는 핵심적인 장치이자 토대로서 '자유로운' 상품교환의 장소이지만, 그 자체로 불평등과 격차를 만들어내는 거대한 공장이기도 하다. 노동시장에서 노동자들은 자신의 노동력을 자유롭게 팔 수 있지만, 그 대가가 공정하고 적절한가는 그들의 결정권한을 벗어나는 문제이기 때문이다. 달리 말하면, 일할 자유는 주어지지만 그에 대한 충분하고 공정한 대가를 지불받을 권리는 보장받을 수 없는 곳이 바로 시장이다. 복지국가의 정치는 바로 국가와 다양한 민주주의 제도를 통해 이러한 불평등한 시장의 원리를 교정하는 공공의 영역을 지칭한다.

정치가 시장의 불평등을 교정할 수 있는 공공의 영역이지만, 그렇다고 정치 그 자체가 하나의 동일한 가치와 지향을 가지는 균질적인 존재라고 할 수는 없다. 앞에서 얘기한 '시장에 반하는 정치'란 사실 스웨덴의 사회민주당의 정치를 말하는 것이었다. 우리가 살고 있는 자본주의 국가의 모습이 어떤 성격을 가지는지는 보수와 진보, 좌파와 우파, 자본과 노동간 정치적 갈등과 대립, 그리고 타협과 수렴의 결과에 따라 다르게 나타난다. 달리 말하면 불평등한 사회구조를 바꾸기 위해 국가가 중요한지 혹은 시장이 중요한지를 묻는 질문보다는 어떤 국가, 어떤 시장을 만들지가 중심적인 질문이 되어야 한다는 것이다.

요컨대 정치는 한 사회에 존재하는 불평등 요소로 '다른 요소들과 상호작용'하여 구조화하기도 하고, 다중격차 사회 '전체와 상호작용'하며 사회구조를 공고화하거나 혹은 사회의 변화를 반영하여 재구성되기도 한다. 이러한 측면에서 이 글은 국가와 시장, 그리고 민주주의의 관계망이자 이들을 매개하는 정치가 우리나라에서 역사적으로 어떻게 형성되어 왔는지에 관해 민주화 이전과 이후로 나누어 살펴보고, 민주화 30년을 경과하고 있는 시점에서 사회경제적 격차와 불평등에 적극적으로 대응하기 위해 어떤 정치제도적 변화가 필요한지에 대해 살펴보고자 한다.

2. 민주화 이전 사회경제적 균열과 격차

경제재건과 불평등의 탄생

해방과 분단, 그리고 전쟁의 소용돌이 속에서 한국은 세계에서 가장 빈곤한 국가 중 하나였다. 그러므로 당연히 국가적 과제는 경제재

〈**그림 8.1**〉 도시 대 농촌 가구당 평균 가계소비지출 비교 및 상위 10% 전체 임금 비중(1955-1963)

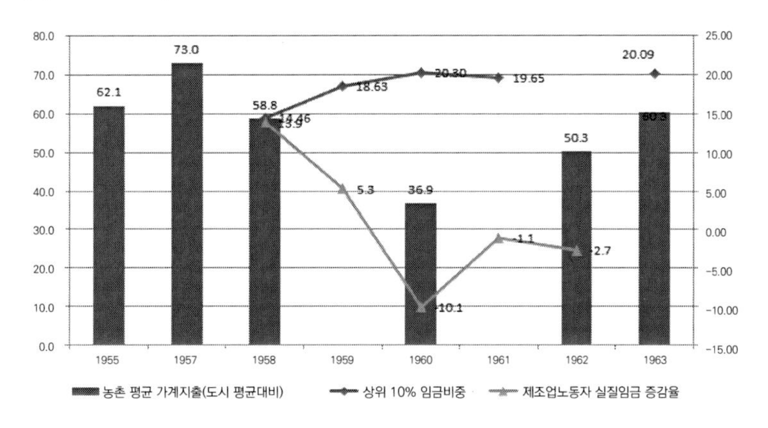

출처: 김대환(1981: 221; 224)과 홍민기(2015: 216)에서 재구성.

건과 절대빈곤으로부터의 해방이었고, 이는 경제개발과 산업화라는 슬로건으로 집약되어 나타났다. 1954년 1인당 국민소득은 67달러에 불과했고, 산업구조는 국민총생산(GNP)의 50%를 농업을 중심으로 한 1차산업이 차지하고 있었다. 하지만 미국의 대규모 경제원조는 국방비 부담을 보전하는 것에 일차적인 목적을 두고 있었고, 원조물자도 거의 전부가 소비제품과 원료에 집중되어 있었다(김대환, 1981). 또한, 일본 점령시기 귀속재산이 민간영역에 이전(적산불하)되었는데, 정치권력과 밀접하게 연계된 특정인에게 불하되면서 고도의 인플레이션과 함께 거대한 독점적 부를 축적하는 '재벌' 형성의 토대로 작용했다. 즉, 대외의존의 심화는 국내의 불평등으로도 옮겨져 계층 간, 산업 간, 지역 간뿐만 아니라 소수의 재벌과 다수 중소 및 영세기업 사이의 격차를 동반하는 불평등한 경제구조가 만들어진 것이다.

특히, 1950년대 산업화 과정에서 불평등은 도농 간 생활수준의 격차에서도 확인할 수 있는데, 이것은 저곡가정책의 결과이며, 이는 다시 도시노동자들의 저임금구조를 형성하는 정책적 산물이었다. 또한, 임금노동자 상위 10%의 임금비중이 꾸준히 상승하여 1963년에는 그 비중이 20%를 차지하게 되는데, 이것 자체로는 임금불평도가 크다고 할 수는 없겠지만, 실질임금 상승률(제조업)은 오히려 마이너스를 기록하고 있다는 점은 임금 불평등의 체감도가 점차 커지고 있다는 점을 시사해주고 있다고 하겠다. 한편, 도농 간 격차는 지역 간 불균형 성장으로 반영되고 있다(〈그림 8.2〉).

이러한 과정에서 정경유착 관계의 형성은 아직 미성숙한 시장의 작동마저 왜곡시키는 독점과 불평등을 더욱 고착시키는 정치적 원인이었다고 할 수 있다. 한편, 정부와 주요 정당들은 여야를 가릴 것 없

〈그림 8.2〉 지역(도)별 1인당 소득 비교(단위: 원, 1960년)

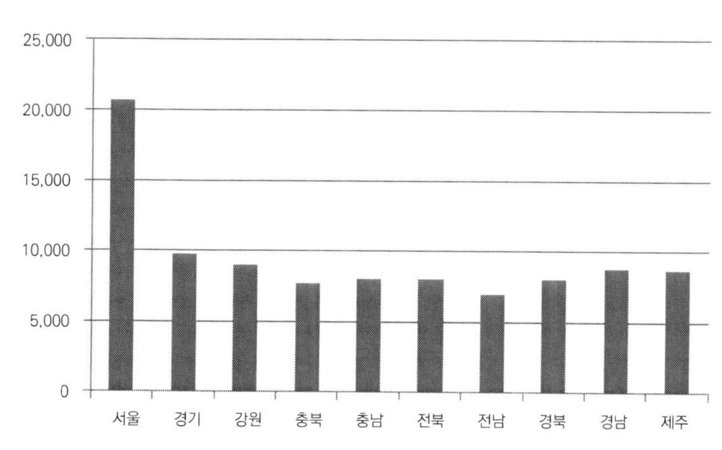

출처: 김대환(1981: 225).

이 주요한 경제정책과 선거공약에 모두 "경제적 독점"의 "억압과 착취 척결"과 "빈부격차 타파"를 제1의 과제로 내세웠지만, 현실정치와는 동떨어진 것으로 당시 열악하고 불평등한 사회경제적 조건을 방증하는 것일 뿐이었다. 또한, 1960년 3.15 부정선거를 직접적 계기로 발화된 4.19혁명의 기저에는 부의 독점과 불평등한 경제구조에 대한 학생과 시민들의 분노가 잠재되어 있었다. 이는 장면정부 성립 이후 '부정축재자처리특별법'을 둘러싼 국가(정부-의회)-사회-자본 간 치열한 대립에서도 엿볼 수 있는 대목이다. 하지만 시민혁명의 성과로 출범한 장면정부 역시 경제개발의 논리 앞에서 독점자본의 부당거래 유혹을 거부하지 못했다.

발전국가: 불평등의 구조화

1961년 5.16 군사쿠데타로 집권한 박정희 군사정권은 1963년 민정이후 본격적인 경제개발을 추진했다. 그리고 중화학공업을 중심으로 한 본격적인 수출주도형 경제개발이 추진된 1960년대 말부터 1970년대를 우리는 '눈부셨던 성장의 시대', '압축적 근대화 시기'로 기억한다. 미국 원조와 경제개혁 지원, 한일국교정상화에 이은 청구권 자금지원, 그리고 베트남 참전을 통한 이른바 베트남특수를 등에 업고 아침, 저녁으로 "잘살아보세"가 동네 곳곳에 울려 퍼지던 그런 시대였다. 이 시대의 국가를 '발전국가'라고 말한다. 발전국가란 국가가 앞장서서 경제개발을 위한 계획을 주도하고 국민을 동원하는 국가체제를 일컫는다. 즉, 경제기획원을 통해 공공 금융기관과 자원을 독점함으로써 경제에 대한 포괄적 개입과 통제를 실시했으며, '조국

근대화'의 슬로건 아래 경제발전의 논리를 앞세워 국민을 동원하기 위해서 민주주의는 사치와 같다고 생각한 박정희 정권의 억압적 통치행태는 1972년 '유신체제'에서 그 절정에 이르렀다. 정치적 민주주의에 대한 억압은 성장지상주의와 더불어 강력한 반공체제를 통해서 가능했기 때문에 불평등에 대한 사회 밑바닥으로부터의 불만 역시 체제위협에 대응하는 공권력의 대상이었을 뿐이다. 경제적 자원이 소수에 독점되는 재벌체제가 공고화되기 시작했던 것도 이즈음이었고, 이후 재벌에 대한 중소기업의 하청관계는 지속적으로 강화되었다(〈그림 8.3〉).

그렇다면 1997년 경제위기 이후 '살기 좋았던 시절'로 호명되던 이 시기의 임금 불평등도는 어땠을까? 산업화가 급속하게 진행되며, 매

〈**그림 8.3**〉 주요 중소기업 부문의 수급업체(하청 계열기업체) 비율

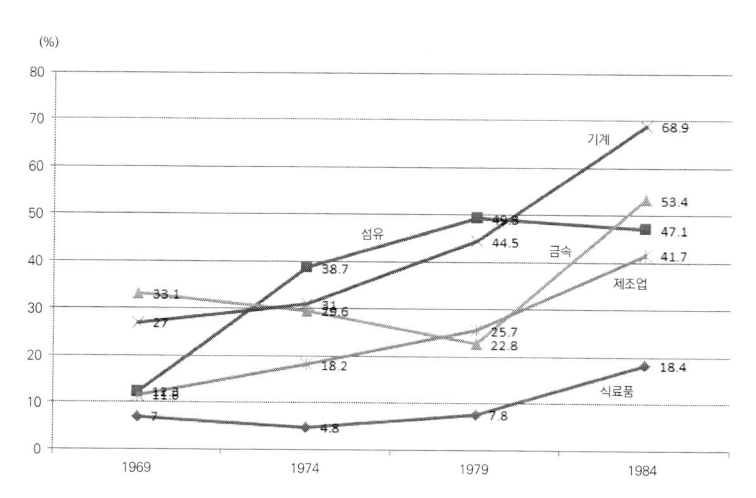

출처: 중소기업은행, 중소기업실태조사보고, 각 연도; 김형기(1988: 202)에서 부분발췌.

〈그림 8.4〉 임금근로자 상위 10% 전체 임금 비중(1955-1963)

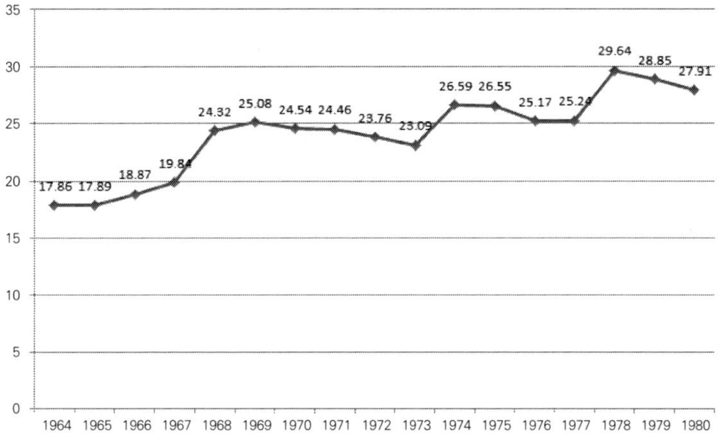

출처: 홍민기(2015: 216)에서 부분발췌.

년 10% 이상의 경제성장률을 이룩했던 시기에도 임금의 불평등 역시 더욱 고조되고 있었다.

발전국가와 유신체제기 정치는 불평등 문제에 어떻게 대응했을까? 이른바 민주 대 반민주라는 정치적 대립구도하에서 불평등문제는 이른바 재야와 제도권 야당을 중심으로 한 매우 중요한 정치적 의제였음은 분명했다. 1970년 11월의 '전태일 분신'은 단순한 노동문제가 아니라 정치적 억압과 경제적 불평등의 결합으로 나타난 상징적 사건이었고, 1971년 대통령 선거에서는 야당 후보였던 김대중이 분배와 균형성장을 모토로 한 '대중경제'를 한국의 경제패러다임으로 제시하기도 했다. 그러나 유신정권의 극단적인 억압통치 하에서 분배와 불평등은 제도정치권의 정치적 자원이 더 이상 되지 못했고, '선명야당'을 내세웠던 당시 신민당도 분배와 불평등 문제에 대한 제도적 대안을 제시하는 데는 소홀했다. 이는 유신의 종말을 예고했던 YH 여성노동자들의 신민당사 농성사건에서 정부여당은 물론 야당까지 성토의 대상이었다는 점에서 단적으로 확인할 수 있는 것이었다. 이렇듯 국가에 의해 육성된 독점재벌의 형성과 계급·계층 간, 지역 간 격차확대는 제한적인 정치경쟁의 상황 속에서 고도성장시대의 불평등을 공고화하는 사회구조로 작동했다.

한국복지국가의 성격: 발전주의 복지국가와 그 유산

시장의 불평등을 교정하는 정치체제를 복지국가라고 한다면, 한국은 과연 복지국가인지 질문을 던지는 것은 어쩌면 당연한 일이다. 복지국가라고 하면 스웨덴과 같이 사회보장제도가 탄탄한 나라를 연상하는 것이 당연하겠지만, 얼마나 분배와 재분배, 그리고 국민연금과 건강보험, 실업보험과 같은 사회보험제도가 잘 갖춰져 있는지, 그리고 시장임금에 의존하지 않고도 기본적인 생활이 가능한지 여부에 따라 복지국가는 그 형태가 다양하게 나타난다. 쉽게 말하면 스웨덴으로 대표되는 북유럽모델을 취하는 복지국가가 있는 반면, 영화 〈식코(Sicko)〉에서처럼 전국민건강보험이 제대로 갖추어져 있지도 않고, 빈부의 격차가 세계에서 가장 큰, 다시 말하면 시장의 불평등에 대한 교정기능이 매우 떨어지는 자본주의 선진국, 미국과 같은 복지국가도 있는 것이다.

우리나라의 경우, 복지제도는 한국전쟁 이후 하나 둘씩 마련되기 시작했다. 1950년대 후반부터 1960년대 초반까지 한국전쟁의 영향으로 많은 요보호 대상자들이 생활보호나 구호를 요하는 상황에서 사회복지 사업의 성격은 극히 자선적·구호적·사후대책적이었으며 공적·전문적 차원보다 사적·자발적·비전문적 차원에서 행해졌다. 즉, 법률적인 면에서는 거의 공백상태에서 사회부장관의 행정조치를 중심으로 '응급구호'와 '외원원조' 방식에 의존하는 구호, 그리고 민간 사회복지시설이 주를 이루었던 것이다(함세남 외, 2001).

제3·4공화국은 역설적이게도 그 어느 시기보다 사회복지입법이 무더기로 양산된 시기였다. 쿠데타로 정통성의 기반이 취약했던 박정희 군부세력은 반공이념의 구축으로 반대세력에 대한 철권통치를 행사하면서 경제개발을 바탕으로 빈곤문제를 해결하겠다는 성장이념을 더해 자신의 정당성을 형성해 나갔다.

쿠데타 이후 2년간의 초헌법적 기구인 국가재건최고회의 체제를 거치고 성립된 제3공화국은 수립과 동시에 생존권 보장을 헌법 30조에 명시했고, 1963년 11월 5일 '사회보장에 관한 법률'을 제정했으며, 군정시기 무더기로 제정된 여러 사회복지관련법에 관한 시행령 및 시행규칙을 마련했다. 헌법에 생존권 보장을 명시하고 사회보장에 관한 법률을 통해 한국의 사회보장을 사회보장, 공적 부조, 사회복지서비스의 3개 부문으로 설정하고 생활보장법을 제정함으로써 사회보장에 대한 국가의 책임을 명확히 한 '헌법적' 의의(함세남 외, 2001)는 있지만, 성장의 그늘에 대한 적극적인 국가보장의 차원이라기보다는 소극적 구제와 잔여적 차원의 입법행정이라는 한계는 여전히 존재했다. 유신체제 기간에는 7개 사회복지법률-모자보건법, 국민복지연금법, 사립학교교원연금법, 직업훈련기본법, 월남귀순용사특별보호법, 공무원 및 사립학교교직원 의료보험법, 의료보호법-이 제정되었고, 1개의 법률-의료보험법-이 개정되었다. 유신체제 기간 동안의 사회복지입법은 주로 1973년과 1977년 전후에 이루어졌다. 이 시기는 국회의원 선거와 대통령 선거시기로, 일시적으로 지지층을 포섭하기 위한 유화조치의 일환으로 볼 수 있다. 1973년 국민복지연금법의 경우, 유신체제의 출범 이후 공공선의 구현자로서 정부를 홍보하기 위한 의미가 담겨져 있다고 볼 수 있다. 또한, 제도의 목적이 중화학공업의 추진을 위한 자금동원에 있었고, 법률제정의 주체도 당시 보건사회부가 아닌 경제기획원과 한국개발연구원이었다(김영화 외, 2007).

요컨대 한국의 복지체제는 독일과 같은 임금소득자를 중심으로 하는 사회보험체제를 가지고 있지만, 소득보장수준에서 잔여적 성격이 강한 체제로 만들어졌다. 이러한 복지국가의 형태를 앞서 언급한 발전국가의 유산과 구조 속에서 복지체제 역시 그 한 부분으로 형성되었다는 의미에서 '발전주의 복지국가'로 규정할 수 있다. 즉, 복지국가가 만들어지는 과정에서 그 특성을 가지는 데는 각각의 복지제도들의 합뿐만 아니라, 노사관계, 상품생산관계, 금융체계와 기업지배구조, 숙련형성체계 등으로 구성되는 '생산체제'와 사회보험, 공공부조, 사회서비스, 노동시장 정책까지 포함하는 '복지체제' 간 제도적 보완성과 선택적 친화성이라는 관계(신동면, 2009), 그리고 자본주의 체제라는 거시구조적 관점에서 이러한 생산체제와 복지체제가 형성되고 제도화하는 데 있어 정당체제와 선거제도를 포함한 국가구조와 생산과 분배조정을 놓고 벌이는 정치세력 간 갈등과 경쟁이라는 정치체제도 중요한 변수(정무권, 2009)로 작용한다(〈그림 8.5〉).

어떤 복지국가가 만들어지는가에 있어 정치제제가 중요한 변수로

〈그림 8.5〉 복지국가 형성의 체제 간 상호작용

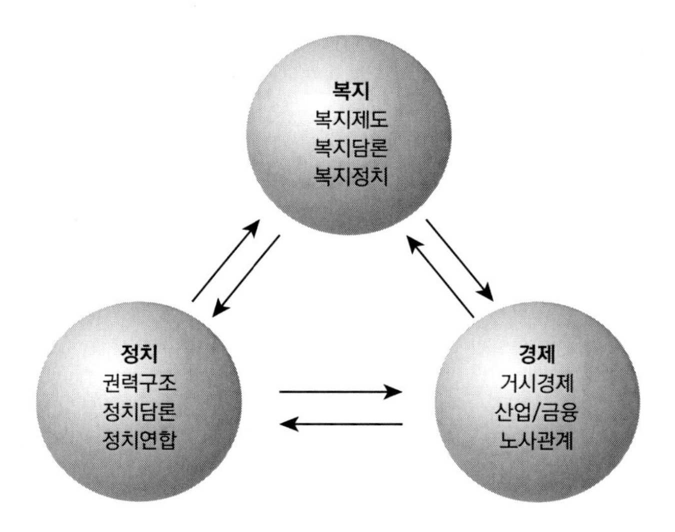

작용한다는 것은 바로 '정치의 중요성'을 의미하는 것으로 이른바 민주화 이후 정치적 민주주의가 확장되었음에도 불구하고 왜 양극화와 분배문제가 여전히 해결되지 못한 채, 오히려 심화되고 있는가에 대한 시사점을 제공해준다. 이는 복지국가가 역사적으로 형성된 하나의 정치현상이라는 점과도 일맥상통한다.

3. 민주화 이후 정치와 불평등의 심화

민주화와 불평등

1987년 2월 박종철 사건을 계기로 폭발한 성난 민심은 전국의 동시다발적인 '거리의 정치'로 이어지면서, 결국 전두환 정권으로부터 대통령 직선제를 골자로 한 '6.29선언'을 받아냈다. 집권세력의 대통령직선제 약속은 분명 민주화 운동의 소중한 결과였다. 하지만 모든 국민적 관심이 여기에만 쏠려 헌법 개정의 중요한 부분이자 불평등을 교정하는 사회보장의 근간인 기본권과 사회권 같은 문제들은 정치적, 사회적 공론의 대상이 되지 못했다. 국민의 힘으로 이룬 민주화였지만, 이를 제도화하는 과정에서 국민의 참여는 정작 배제되었다. 그 결과는 여야 정치엘리트들이 적당히 타협한 '87년 헌법'이었으며, 이 와중에 발생한 노동자투쟁은 경제 불안을 가중시키는 '소요'라는 논리 속에 급격하게 쇠락하며 종결되었다. 서구 복지국가의 역사에서 사회보장은 노동기본권으로부터 출발했다는 점에서 공권력에 의한 노동자대투쟁의 종식은 민주화 이후에도 상당기간 복지국가로서의 면모를 갖추지 못했던 원인으로 작용했다.

물론 '87년 헌법'의 개정내용이 대통령 선출문제에만 국한되었던 것은 아니다. 국민의 기본권으로서의, 최저임금제(제32조 제1항)가 명시되었고, 여성의 복지와 권익향상(제34조 3항), 노인과 청소년의 복지향상(제34조 제4항) 등이 국가의 의무로 추가되었다. 헌법이 규정한 기본권이 실제 국민의 삶을 향상시키는 데 유효한 힘으로 작동하기 위해서는 거기에 걸맞은 의회와 정부의 헌법실천이 중요하다. 과연 민주화 이후 '민주정부'들과 정당들은 이러한 역할을 잘해왔을까?

〈표 8.1〉과 〈그림 8.6〉은 민주화 경제적 불평등의 양상을 보여주는 것으로 각각 역대 정부의 집권기간 동안 평균 지니계수와 상위 10%의 임금근로자가 전체 임금에서 자치하는 비중을 나타내고 있다. 이 표를 통해 알 수 있는 것은 한국의 불평등 상태가 정권의 이념적 성격과 무관하게 지속적으로 악화되어왔다는 것이다.

〈표 8.1〉 민주화 이후 정권별 불평등지수 추이

	노태우	김영삼	김대중	노무현	이명박	박근혜
지니계수 (가처분)	0.250	0.260	0.276	0.290	0.309	0.302
5분위배율	3.63	3.89	4.30	4.82	5.62	5.41

출처: 통계청. http://kosis.kr
주: 지니계수 평균산출 기간은 집권 1년은 이전 정권의 정책효과가 나타난 것으로 간주하여 집권 1년 후부터 다음 정권 1년까지로 함.

민주화 이후 복지재정지출이 지속적으로 상승(제7장의 〈그림 7.1〉 참조)해왔음에도 불구하고 실제 소득격차는 오히려 확대되어왔다는 사실은 무엇을 의미하는 것일까? 무엇보다 우리나라 복지제도가 사회보험, 즉 고용된 사람들을 중심으로 만들어져 왔다는 데 있다. 일반적으로 사회보험제도는 가입자를 대상으로 한 강제저축의 효과를 갖는 것으로, 전체 국민경제 내 소득재분배 효과는 낮기 때문이다. 두 번째는 소득재분배에 가장 효과적인 역할을 하는 조세제도가 그 기능을 제대로 하지 못하고 있다는 점이다. 한국은 임금으로 계산되는 시장소득과 이 시장소득에 세금을 제하고 사회보장혜택을 추가한 가처분소득 간 차이가 거의 없는 나라다.

〈그림 8.6〉 민주화 이후 임금근로자 상위 10% 전체 임금 비중

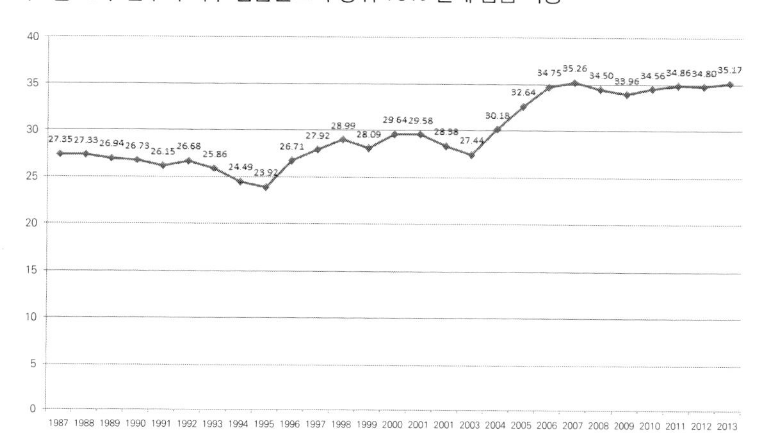

출처: 홍민기(2015: 216)에서 부분발췌.

이러한 복지제도가 정착된 것은 바로 정치의 결과이다. 민주화 이후 정기적인 선거가 실시되고 정권교체가 가능한 정치적 민주주의의 기본 틀은 갖추어졌으나, 정작 사회정책에 대해 정치는 소극적으로 대응해왔다. 복지자본주의와 궤를 같이하는 사회보장제도를 사회주의 정책이라고 색을 씌우는 보수주의 정당의 반공투사들도 있었고, 전통적인 야당도 복지는 경쟁의 대상이 아니라 적당히 타협하고 넘어갈 수 있다는 태도를 보였다.

한편, 민주화는 정치적 의미만을 담고 있는 것이 아니라 시장 자본주의의 확장을 병행한다. 강력한 국가의 통제와 규제를 받아왔던 한국의 자본은 전두환 정권의 시장개방정책으로 시작으로 민주화 이후 김영삼 정권의 신경제정책을 등에 업고 국가에 대한 자율성을 획득하게 되었다. 그런데 자본의 국가에 대한 자율성이 공정한 시장경쟁

으로 발전한 것이 아니라 '정경유착'의 끈끈한 고리는 그대로 유지된 채, 재벌체제의 강화와 한보나 기아와 같은 부실기업에 대한 천문학적인 특혜금융으로 이어졌다. 민주화 10년에 IMF 경제위기를 맞은 것이 결코 우연이 아니었던 것이다.

IMF 경제위기를 계기로 한국사회는 매우 급격한 변화를 맞이했다. 대규모 기업 구조조정은 대량실업을 낳았고, 노동시장 유연화는 정규직과 비정규직의 양극화와 이중화로 귀결되었다. 경제위기 이후 도입된 국민연금과 공공부조인 국민기초생활보장법(2000) 이후 사회보장제도는 큰 틀의 변화 없이 그대로 유지되고 있다. 이러한 의미에서 한국은 아직까지 '97년 체제'에 놓여 있는 셈이다.

정치참여와 불평등

정치참여가 높고 적극적일수록 정치적 의사결정의 왜곡이 방지되고, 의사결정의 대표성과 정당성이 확보되는 것은 당연하다. 그런데 정치참여가 유권자들 개개인의 의식에 관한 문제로만 국한되면, 나쁜 정치의 결과는 유권자들의 책임이고 그 결과를 감내해야 한다는 개인의 도덕과 자질문제로 귀결되기 쉽다. 선거를 통한 정치참여율은 그 국가의 사회경제적 조건과 일정한 상관관계를 갖는다.

〈그림 8.7〉은 국민총생산(GDP)대비 공공부문 사회복지지출이 국제경제협력개발기구(OECD) 평균보다 높은 국가와 낮은 국가 중 각각 스칸디나비아 국가군(스웨덴, 핀란드, 노르웨이)과 미국, 한국, 일본을 비교한 것이다. 전 세계적으로 선거참여율이 낮아지는 경향을 보이는 것은 사실이지만, 특히 미국, 한국, 일본은 스칸디나비아 국가군들

〈**그림 8.7**〉 OECD가입국가 중 의회선거 평균투표율과 주요국가 평균투표율의 증감 추세(1945-2008)

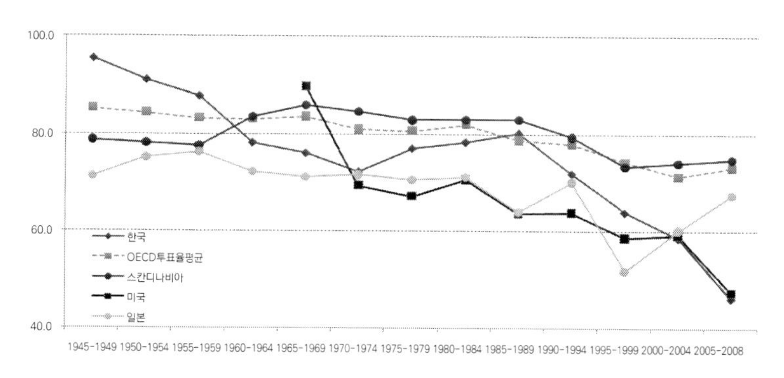

출처: http://www.idea.int/vt/view_data.cfm.; 한국은 중앙선거관리위원회(www.nec.go.kr)
주: 1945년부터 5년 단위로 나누어 해당 기간 동안 평균투표율(등록유권자 대비)을 산출. OECD투표율평균: 2008년 현재 30개 국가 중 1980년대 이전 기록이 없는 체코, 폴란드, 헝가리, 슬로바키아 제외

과 비교할 때 선거참여비율이 급격하게 낮아지는 추세를 보이고 있다. 높은 수준의 사회보장과 불평등의 정도가 낮은 국가일수록 안정된 생활을 바탕으로 정치적 무관심이 높을 것으로 예상할 수 있겠지만, 결과는 정반대로 나타난다. 이들은 경험적으로 복지국가가 정치적 경쟁의 결과라는 점을 인식하고 있으며 정치적으로도 자신의 선호에 맞는, 즉 자신을 대표할 수 있는 정당과 정치세력이 다양하게 분포되어 있기 때문이다. 반면, 미국, 한국, 일본은 거대양당체제 혹은 한 정당의 독점적 우위가 오랫동안 지속된 나라로 다양한 유권자들의 이해관계를 반영할 정당체제를 가지고 있지 않다.

그중에서 한국은 민주화 이후 선거참여율이 급격하게 하락하고 있다는 점을 확인할 수 있다. 국가복지가 잘 구비되지 않고, 더군다나 이에 대한 대응이 소극적인 일종의 카르텔을 형성하고 있는 보수적인 거대양당체제에서 반복되는 실망과 분노의 악순환은 결국 선거참여의 포기나 무관심으로 이어지는 것이다. 이러한 측면에서 주목한다면 복지국가의 정치를 활성화하기 위한 출발점으로 정치제도의 개혁이 왜 필요한지가 자연스럽게 도출된다.

4. 다중격차 시대의 정치모델

민주화 이후 한국의 정치적 사회적 균열구조는 이중균열(지역과 계급)에서 다중균열(지역, 계급, 세대, 교육 등)과 다중균열 내 다층균열(노동의 이중화-정규직과 비정규직, 세대내 계급-흙수저와 금수저 등)로 심화되었다. 하지만 정치는 여전히 이러한 사회적 균열구조를 반영하거나 대응하지 못하고 있을 뿐만 아니라, 이는 정치에 대한 불신의 문제로 이어져 그 공적 위상에 매우 심각한 훼손을 가져다줄 수밖에 없다.

하지만 사회적 균열이 없는 나라는 없다. 결국 좋은 복지국가, 좋은 정치란 이러한 사회적 균열을 은폐하는 것이 아니라 적극적으로 대응하고 사회적 통합을 만들어가는 정치다. 복잡하게 얘기할 것 없이 이것이 정치 본연의 역할이며, 지금과 같은 다중격차 시대에는 이러한 정치의 역할이 더욱 긴급하게 요구되는 것이다.

그럼 무엇보다 시작해야 할까? 투표만 잘하면 되는 건가? 유권자의 투표행위란 주어진 조건에서의 선택이기 때문에 결국 유권자의 투표행위의 결과가 합리적인 것이라고 받아들일 수 있는 제도적 기초가 마련되어야 함은 당연하다. 바로 정치의 다양성과 합의도출의 민주성에 기반한 정치제도의 개혁이 요구되는 이유다.

선거제도: 혼합형 비례대표제

우리가 경험해왔듯이 한국의 선거제도는 1등을 선택한 유권자 외에는 그 표의 가치가 모두 사장되어 버리는 '승자독식'의 규칙을 가지고 있다. 한국의 정당체제에서 가장 문제시 되는 것이 지역주의 정당체제이지만 이것이 유지되고 강화될 수 있었던 것도 바로 승자독식의 단순다수제 선거제도가 버티고 있기 때문이다.

이러한 선거제도는 다양한 사회적 균열과 격차에 대한 능동적 정치적 대응을 어렵게 만들고 다양성과 합의, 그리고 이를 기초로 한 다수의 지배라는 민주주의를 원천적으로 배제한다. 대안은 유권자들의 선택이 고스란히 선거결과에 반영되는 선거제도를 도입하는 것이다. 지금까지 지구상에 존재하는 선거제도 중에서 이를 충족하는 선거제도 중 하나가 바로 흔히 독일식 정당명부제 비례대표제로 알려져 있는 '1인 2표 연동형 혼합선거제도'다. 우리나라의 현행 선거제도에서도 자신이 선호하는 정당을 선택할 수 있지만, 전체 의석수에 16%에 불과하여 비례대표제라 하기에도 민망한 수준이다. 무엇보다 전국을 지역구로 하는 비례대표제는 지역에 기반한 다수대표제와 비교해봤을 때 선심성 지역개발사업(pork barrel program)보다 전 국민을 대상으로 하는 보편적인 사업에 이득이 되는 소득이전 정책을 지지하는 경향이 크고, 정당에게는 국회진입의 문턱을 낮춰 상대적으로 작고 다양한 집단을 대표할 수 있게 해준다(알베르토 알레시나 외, 2012).

또한, 선거연령도 만 18세로 낮추어야 한다. 선거권이 만19세 이상이 되어야 주어지는 나라는 지구상에 우리나라가 유일하다. 우리나라 법체계에서 만14세가 되면 형사상 책임을 지고, 만18세가 되면 부모의 동의 없이 결혼할 수 있다. 선거권만 유독 만19세 이상으로 제한을 두는 것은 형평성에 어긋날 뿐만 아니라, 세계적 수준에서 보면 보통선거권의 제약이다.

의회제도

의회(국회)제도는 그 구성과 입법과정의 특징을 통해 몇 가지로 분류된다. 우선 의회가 우리나라와 같이 하나만 존재하는 단원제(unicameralism)와 미국이나 영국 같이 상원과 하원이 존재하는 양원제(bicameralism)으로 나눌 수 있다. 다음으로 입법과정의 특성에 따라 변환형 의회(transformative legislature)와 경합장형 의회(legislature as arena)로 나뉜다(Polsby, 1975; 박찬표, 2002). 변환형 의회는 모든 법안의 발의권한이 의원에게 주어져 있으며 정부의 정책제안을 수정하거나 거부할 수 있다. 미국의회가 대표적이다. 반면, 경합장형 의회는 입법보다는 정권을 둘러싼 여야 간 논쟁과 대치가 의정활동의 중심에 놓인다. 이러한 기준으로 볼 때 우리나라 의회는 단원제와 경합형을 그 특징으로 하고 있다.

단원제는 의사결정을 신속하게 할 수 있다는 장점이 있지만, 행정부를 견제하는 입법부의 위상을 생각할 때 심의기능의 강화가 요구된다고 할 수 있다. 현재와 같이 정부여당 대 야당의 대립이 의정활동의 중심이 된다면 강력한 대통령의 권한을 실질적으로 견제하고 제어할 수 있는 의회의 위상을 만드는 것은 요원한 일이 될 수밖에 없다. 이러한 심의기능의 강화방안으로 지역을 대표하는 상원제도의 도입이 고려될 만하다. 상원제도의 도입은 현재 중앙과 지방의 불균형한 대표적 정치제도인 지방자치제를 정상화하는 의미도 가진다. 사회적 합의의 통로를 좀 더 다층화한다는 의미에서 지역대표성에 기반한 상원과 전국대표성에 기반한 하원의 양원제 도입 필요성이 대두되는 이유다.

정부형태와 정부조직

한국은 제헌헌법부터 1년이 채 되지 않은 제2공화국의 짧았던 기간을 제외하면 대통령제 정부형태를 채택해왔다. 그동안 정치균열과 갈등의 제도적 요인으로 모든 권력이 1인에게 집중되어 있는 대통령제가 지목되어 왔다. 즉, 국정과 관련한 모든 사안이 1인에 집중되어 있는 의사결정구조가 다양한 사회적 갈등과 균열을 해결을 절대적으로 필요한 지금의 상황과 과연 부합하느냐하는 문제제기이다. 정부형태를 생각할 때 무엇보다 사회통합적 민주적 의사결정구조의 문제가 우선적으로 고려되어야 한다는 것이다.

이런 의미에서 앞서 언급한 선거제도의 개편과 함께 의원내각제에 대한 사회적 논의도 활발하게 진행되어야 할 때가 왔다. 그리고 대통령제하에서라도 의회권한의 확대를 통해 대통령의 과도한 권한을 제한할 필요가 있다.

특히, 이제 사회적 불평등을 교정하고 적극적인 사회정책을 추구해야 할 시대적 과제를 안고 있는 상황을 고려하여 정부조직에서 사회복지 예산편성권한을 갖는 사회부총리제도의 운영이 필요하다. 현재의 사회부총리제도는 관련 부처의 운영과 관련된 것으로 실질적인 사회부총리로서의 역할을 하기 위해서는 예산편성권한도 함께 주어져야 한다.

정치제도개혁의 종합: 합의 민주주의 국가모델

현 시점에서의 정치제도에 관한 문제는 결국 어떤 국가, 특히 어떤 복지국가를 만들 것인가로 귀결된다. 선거제도와 의회제도 개혁을 통한 다당제-양원제-분권형 헌정체제(연방제)의 정치제도를 기반으로 한 합의형 민주주의 체제로 전환한다면 이는 지금보다 더 민주적이고 사회통합적이며 불평등에 적극적으로 대응하는 복지국가 정치구조의 토대로 작용할 것으로 기대할 수 있다.

〈표 8.2〉는 40개국의 소득자료(룩셈부르크 소득연구소)를 바탕으로 지난 40년간 정치제도에 따른 재분배 효과를 분류한 것이다. 비례대표제와 의회중심제를 통해 연립정부가 다양한 형태로 진행되는 정치

〈표 8.2〉 정치제도의 재분배 효과(1970-2010)

정치제도	시장소득 지니계수 (백분율, A)	가처분소득 지니계수 (백분율, B)	재분배효과 (A-B)
다수대표제	38.5	35.9	2.6
비례대표제	41.4	32.0	9.4
대통령중심제	48.1	41.4	6.7
의회중심제	38.8	31.4	7.4
단일정당정부	38.7	35.0	3.7
연립정부	41.3	32.6	8.7

출처: 강명세 2013, 78.

제도, 즉 합의형 민주주의제도를 채택한 국가의 재분배 효과가 훨씬 크다는 점을 확인 할 수 있다.

5. 다중격차 시대의 복지국가는 정치문제

한국 자본주의사회의 불평등은 어제 오늘의 일이 아니다. 해방과 더불어 우리 사회에서 불평등은 전통적으로 경제발전을 위한 불가피한 결과라고 인식되어왔고, 흔히 가난은 임금도 어쩔 수 없다는 말로 정당화되기까지 했다. 정치 역시 불평등과 격차문제에 무관심했고, 심지어 방기하기까지 했다. 민주화 이후에도 이러한 정치권의 정치행태는 커다란 변화 없이 이어졌고, 그러는 사이 불평등과 격차는 오히려 심화되고 복잡한 모양으로 똬리를 틀었다. 그런데 정치의 변화는 정치만의 문제가 아니라 경제와 복지, 그리고 여러 가지 사회적 문제를 해결하는 근간이 된다는 점에서 개혁의 필요성은 이미 임계점에 이르렀다. 정치를 바꾸지 않고 복지국가를 논한다는 것은 이제 불가능하다.

이러한 의미에서 다중격차의 양상이 구조화되는 한국의 불평등에 대응하기 위해 요구되는 정치의 변화는 제도개혁이 우선적으로 전제되어야 한다. 즉, 공동체를 구성하는 인민의 다양한 의사가 의회와 정당경쟁에 왜곡 없이 반영되어야 하는 것이다. 의회, 정당, 정부조직의 개혁과 공론장으로서의 시민사회와 능동적인 상호작용을 제도화하기 위한 총체로서 합의형 민주주의제도와 이를 통한 합의형 민주주의 헌정체제 수립은 이제 더 이상 늦출 수 없는 시대적 과제다.

참고문헌

강명세. 2013. “재분배의 정치경제: 권력자원 대 정치제도.”『한국정치학회보』제47집 제5호, 71-94.

강병구. 2015.『소득주도 성장을 위한 세제개편의 방향과 내용』. 한국노총보고서.

강병구·성효용. 2013. “근로소득세의 소득계층별 노동공급효과.”『재정정책논집』제15집 제3호, 87-109.

김낙년. 2012. “한국의 소득집중도 추이와 국제비교, 1976-2010: 소득세 자료에 의한 접근,”『경제분석』제18권 제3호, 75-114.

김대환. 1981. “1950년대 한국경제 연구: 공업을 중심으로.” 진덕규 외.『1950년대의 인식』, 157-255. 한길사.

김도균. 2012.『한국의 자산기반 생활보장체계의 형성과 변형에 관한 연구』. 서울대학교 사회학과 박사논문.

김동환. 2014. “청년관련 예산이 왜 노인 예산의 1/5 수준?”『오마이뉴스』(4월 3일).

김양순. 2016. “한국 국회, 여성·청년의원 비율 OECD 꼴찌.” KBS홈페이지(4월 12일).

김영화 외. 2007.『한국사회복지의 정치경제학』. 양서원.

김우철. 2007. “법인세 부담이 기업의 투자활동에 미치는 효과 분석”.『한국경제의 분석』제13권 제2호, 51-112.

김은경. 2013.『프랑스의 복지재원 조달시스템 연구』. 정책연구 2013-70. 경기개발연구원.

김장호. 2008. “노동조합 임금효과의 변화: 1988-2007.”『노동경제논총』제31권 제3호, 75-105.

김현숙·성명재. 2007. “자녀세액공제제도 도입이 기혼여성 노동공급에 미치는 영향”.『공공경제』제12권 제1호, 75-117.

김형기. 1988.『한국의 독점자본과 임노동』. 까치.

남재량·전영준·이영·김현숙. 2009.『조세정책과 고용효과』. 한국노동연구원.
뉴스팀. 2015. "女알바생 "사장님 여자친구가 찾아오더니…" 눈물 고백."『한국경제』(1월 14일).
다니엘 튜더. 2016. "'세대 간 갈등'은 실체 빈약한 심리적 허구다."『중앙일보』(3월 26일).
박명호. 2012. "초고소득층의 특성에 관한 국제비교."『조세·재정브리프』. 한국조세연구원.
박재흥. 2010. "한국사회의 세대갈등: 권력·이념·문화갈등을 중심으로."『한국인구학』 제33권 제3호, 75-99.
박정연. 2007. "보건의료노조의 산별교섭에 관한 연구." 한국사회학회 2007 후기사회학대회 (자료집), 915-930.
박종훈. 2015.『박종훈의 대담한 경제』. 21세기북스
박진희·김두순·이재성. 2015. "최근 청년노동시장 현황과 과제."『청년고용 이렇게 풀자: 청년고용 현황과 정책제언』. 한국고용정보원 개원 9주년 기념 세미나 자료집, 27-44.
박찬표. 2002.『한국의회정치와 민주주의: 비교의회론의 시각』. 오름.
방희경·유수미. 2015. "한국 언론과 새대론 전쟁(실크세대에서 삼포세대까지): '위기론'과 '희망론' 사이에서 아슬아슬한 줄타기."『한국언론학회보』 제59권 제2호, 37-61.
배은경. 2016. "젠더 관점과 여성정책 패러다임."『한국여성학』 제32권 제1호, 1-45.
성명재. 2011. "1990년대 이후 정부별 소득세 개편이 세부담 및 소득재분배에 미친 효과 분석."『재정학연구』 제4권 제1호, 111-152.
성명재·박기백, 2008. "조세·재정지출의 소득재분배 효과: 소비세 및 현물급여 포함."『재정학연구』 제1권 제1호, 63-94.
성효용·강병구. 2008. "법인세가 기업투자에 미치는 효과 분석."『재정정책논집』 제10집 제1호, 107-128
손열. 2014. "청년, 한국 사회의 마이너리티."『경향신문』(12월 25일).
신동면. 2009. "생산레짐과 복지체제의 선택적 친화성에 관한 이론적 검토", 정무권 편.『한국 복지국가 성격논쟁 Ⅱ』, 73-112. 인간과복지.
신진욱. 2013. "한국에서 자산 및 소득의 이중적 불평등-국제 비교 관점에서 본

한국의 불평등 구조의 특성."『민주사회와 정책연구』 통권 23호, 41-70.
신진욱·정세은·장지연. 2016. "다중격차의 사회적 균열구조와 사회정책적 대응."『동향과전망』통권 97호, 81-110.
안종범·김을식. 2004. "복지지출수준의 국제비교."『재정논집』 제19집 제1호, 1-27.
안주엽·남재량·이인재·성지미·최강식. 2007.『노동과 차별 2: 인식과 실제』. 한국노동연구원.
알베르토 알레시나·에드워드 글레이저. 2012.『복지국가의 정치학』(전용범 역). 생각의 힘.
양재진. 2015.『복지증세, 어떻게 실현할까?』 현안과 정책 제 77호. 지식협동조합 좋은나라.
여유진·정해식·김미곤·김문길·강지원·우선희·김성아. 2015.『사회통합 실태 진단 및 대응방안 Ⅱ』. 한국보건사회연구원.
요스타 에스핑-안데르센. 2014.『끝나지 않은 혁명』(주은선·김영미 역). 나눔의집.
우치다 미츠루. 2006.『실버 데모크라시』(김영필 역). 논형.
은수미. 2006. "이슈분석: 2006 산별교섭 진단과 전망."『노동리뷰』 6월호, 42-55.
이상준·이수경. 2013.『2013 비진학 청소년 근로환경 실태조사』. 한국직업능력개발원.
이승협. 2006. "노동조합의 변화: 독일 단체교섭체계의 구조와 변화."『산업노동연구』 제12권 제2호, 203-236.
이영. 2015.『증세논쟁과 조세재정개혁』. 제182회 공동체자유주의 세미나 자료집.
이원보 외. 2012.『한국 산별노조의 문제진단과 발전방안』. 한국노동사회연구소/프리드리히 에버트 재단.
이재경·장지연. 2015. "한국의 세대불평등과 세대정치: 일자리영역에서 나타난 정책주도불평등을 중심으로."『민주사회와 정책연구』 통권 28호, 15-44.
이정현. 2004. "한국노동조합은 어느 노동자집단을 위한 조직인가?: 1987-1999년까지 집단별 노조 임금 효과의 변화."『인사조직연구』 제12권 제2호, 105-142.
이주호. 2013. "현장으로부터 듣는 노동운동 위기 진단과 대안 모색." 한국노동

사회연구소 연속 노동포럼 (자료집), 1-47.
이주환. 2012. "한국 독일 프랑스 산별노조의 교섭구조와 조직전략."『노동사회』 제167권, 5-22.
이주희. 2006. "산별노조 조직화의 딜레마: 보건의료노조의 사례."『산업노동연구』 제12권 제1호, 33-63.
이지은. 2015. "비정규직의 노동시장 이행 경로."『KLI 브리프』 제3호.
이찬영. 2008. "청년층 임금근로자의 하향취업 행태."『직업능력개발연구』 11권 3호, 49-69.
장수명·한치록. 2011. "교육정책과 계층이동". 여유진·김문길·장수명·한치록. 『계층구조 및 사회이동성 연구』. 한국보건사회연구원, 103-151.
장원석. 2016.『앵그리 2030』. 새로운현재.
장지연·양수경·이택면·은수미. 2008.『고용유연화와 비정규고용』. 한국노동연구원.
전병유. 2013. "한국 사회에서의 소득불평등 심화와 동인에 관한 연구".『민주사회와 정책연구』 통권 23호, 15-41.
전병유 편. 2016.『한국의 불평등 2016』. 페이퍼로드.
전병유·정준호. 2015. "한국경제 성장체제의 재구성을 위한 시론."『동향과 전망』 제95호, 9-43.
전봉걸·송호신. 2012. "법인세 부담이 기업의 행태에 미치는 영향."『한국경제연구』 제30권 제2호, 141-166
전승훈. 2014. "복지지출 국제 비교 및 경제적 효과 분석."『한국경제의 분석』 제20권 제1호, 165-219.
전영수. 2013.『세대전쟁』. 이인시각.
정무권. 2009. "한국의 '발전주의'생산레짐과 복지체제의 형성." 정무권 편.『한국복지국가 성격논쟁 Ⅱ』, 113-166. 인간과복지.
정준호·전병유. 2015. "한국경제의 이중화와 성장체제 전환의 가능성."『노동리뷰』 제129호, 51-64.
정준호·전병유. 2016. "다중격차지수와 한국 사회의 불평등 구조".『동향과 전망』 97호, 45-80.
정진상 외. 2006.『산별노조 건설운동과 노조간부의 의식』. 한울.
조경엽·황상현·우광호. 2015.『한국의 조세정책 평가모형 구축을 위한 연구』.

한국경제연구원.
조동훈. 2008. "패널자료를 이용한 노동조합의 임금효과 분석."『노동경제논총』 제31권 제2호, 103-128.
진익·곽보영. 2014.『우리나라 사회복지기출 수준의 국제비교평가』. 사업평가 14-12(통권 329호). 국회예산정책처.
최장집. 2010.『민주화 이후의 민주주의』. 개정2판. 후마니타스.
최현. 2011. "시장인간의 형성: 생활세계의 식민화와 저항".『동향과 전망』81호, 156-194
피터 보겔. 2016.『청년실업 미래보고서』(배충효 역). 원더박스.
하이너 드립부쉬·페터 비르케. 2014. "독일의 노동조합: 조직, 제반여건, 도전과제."『FES Information Series』2014-03, 1-24. 프리드리히 에버트 재단 한국 사무소.
한병관. 2016. "'총선 D-1' 20대 청년이 강조하는 알바정책 1위는 '최저임금준수'."『일요신문』(4월 12일).
함세남 외. 2001.『사회복지역사와 철학』. 학지사.
홍민기. 2015. "최상위 임금 비중의 장기 추세(1958-2013)."『산업노동연구』제21권 제1호, 191-220.
황규성. 2012. "한국의 격차 재생산 구조화: 틀과 사회적 성격".『동향과 전망』85호, 164-188
황규성. 2016. 다중격차: 다차원적 불평등에 관한 개념화 시론.『동향과 전망』97호, 9-44.
황덕순. 2004. "노동조합이 임금격차에 미치는 효과와 연대임금정책."『매월노동동향』10월호, 68-78.
황덕순. 2011. "한국의 복지국가 발전과 노동".『경제논집』제50권 제3호, 295-337.

Baumol, William J. 1967. "Macroeconomics of unbalanced growth: the anatomy of urban crisis." *The American economic review* 57(3), 415-426.
Beck, Ulrich. 1986. *Risikogesellschaft*. Suhrkamp.
Bonoli, Giuliano. 2003. "Social Policy through Labor Markets :

Understanding National Differences in the Provision of Economic Security to Wage Earners" *Comparative Political Studies* 36(9), 1007-1030.

Budina, Nina, Tidiane Kinda, Andrea Schaechter, and Anke Weber. 2012." Fiscal Rules at a Glance: Country Details from a New Dataset." *IMF Working Paper* WP/12/273.

Butterwegge, Christoph. 2009. *Armut in einem reichen Land: Wie das Problem verharmlost und verdrängt werden*. Campus.

Cameron, David R. 1984. "Social democracy, corporatism, labour quiescence and the representation of economic interest in advanced capitalist society." John H. Goldthorpe(ed.). *In Order and Conflict in Contemporary Capitalism*. 143-178. Oxford University Press.

Cingano, Federico. 2014. "Trends in Income Inequality and its Impact on Economic Growth." *OECD Social, Employment and Migration Working Papers* 163. OECD Publishing. http://dx.doi.org/10.1787/5jxrjncwxv6j-en

Crouch, Colin. 1993. *Industrial relations and European state traditions*. Oxford University Press.

Dabla-Norris, Era. et al. 2015. "Causes and Consequences of Income Inequality: A Global Perspective." *IMF Discussion Paper* 15-13.

Dewilde, Caroline. 2011. "The Interplay between Economic Inequality Trends and Housing Regime Changes in Advanced Welfare Democracies." *GINI Discussion Paper* 18.

Eichhorst, Werner and Regina Konle-Seidl. 2005. "The Interaction of Labor Market Regulation and Labor Market Policies in Welfare State Reform." *IAB Discusstion Paper* 19.

Emmenegger, Patrick, Silja Häusermann, Bruno Palier and Martin Seeleib-Kaiser(eds.) 2012. *The Age of Dualization: The Changing Face of Inequality in Deindustrializing Societies*. Oxford University Press.

Esping-Andersen, G ø sta. 1990. *The Three Worlds of Welfare Capitalism*. Prinston University Press.

Gans, Hebert J. 1993. "From 'Underclass' to 'Undercaste': Some Observations about the Future of the Postindustrial Economy and its Major Victims." *International Journal of Urban and Regional* 17(3), 327-335.

Harney, Alexandra. 2013. "Japan's Silver Democracy." *Foreign Affairs*(July 18).

Hausermann, Slija. 2013. "The Politics of Old and New Social Policies." Bonoli, Gilulianо and David Natali(eds.) *The Politics of the New Welfare State*. Oxford University Press.

Hirschman, Albert. 1973. "The changing tolerance for income inequality in the course of economic development." *The Quarterly Journal of Economics* 87(4), 544-566.

Hoekman, Bernard(ed.) 2015. *The Global Trade Slowdown: A New Normal?* Centre for Economic Policy Research. VoxEU.org eBook.

Hwang, Deok Soon and Lee Byung-Hee. 2011. "Low wages and policy options in Korea: Are Policies working?" paper presented at the second conference of Regulating for Decent Work. 6-8 July 2011, Geneva.

Iversen, Torben. 1999. *Contested economic institutions: The politics of macroeconomics and wage bargaining in advanced democracies*. Cambridge University Press.

Joumard, Isabelle, Mauro Pisu and Debra Bloch. 2012. "Less Income Inequality and More Growth –Are They Compatible? Part 3. Income Redistribution via Taxes and Transfers Across OECD Countries." *OECD Economics Department Working Papers* 926.

Katz, Michael B. 1993. *The "Underclass" Debate: Views from History*. Princeton University Press.

Kreckel, Reinhard. 2004. *Politische Soziologie Sozialer Ungleichheit*. Campus.

Kwack, Sung Yeung and Lee Young Sun. 2007. "The Distribution and Polarization of Income in Korea: A Historical Analysis, 1965-2005." *Journal of Economic Development* 32(2), 1-39.

Lee, Cheol-Sung. Forthcoming. *When Solidarity Works: Labor-Civic Networks and Welfare States in the Era of Market Reform*. Cambridge University Press.

MacDonald, Robert. 1997. "Dangerous Youth and the Dangerous Class." Robert McDonald(ed.). *Youth, the 'underclass' and social exclusion*, 1-25. Routledge.

Morel, Nathalie, Bruno Palier and Joakim Palme(eds.) 2012. *Towards A Social Investment Welfare State?* The Policy Press.

OECD. 2011a. *How's life? Measuring Well-Being*. OECD Publishing

_____. 2011b. *Devided We Stand-Why Income Inequality Keeps Rising?* OECD Publishing.

_____. 2014. *In it Together: Why less inequality benefits all*. OECD Publishing.

Piketty, Thomas. 2014. *Capital in the Twenty-First Century*. Belknap Press.

Summers, Lawrence H. 2014. "US Economic Prospects: Secular Stagnation, Hysteresis and the Zero Lower Bound." *Business Economics* 49(2), 65-73.

Tilly, Charles. 1998. *Durable Inequality*. University of California Press.

Zimmermann, Bénédicte. 2006. "Changes in Work and Social Protection: France, Germany and Europe." *International Social Security Review* 59(4), 29-45.

용어 설명

88만원 세대

우석훈과 박권일이 쓴『88만원 세대』에서 등장한 용어이다. 이들은 "취직에 성공한 20대도 대부분 비정규직"이며 한국 비정규직 20대의 월평균 임금이 '88만 원'이라고 분석했다. 20대의 상위 5%가 대기업이나 5급 공무원 등과 같은 좋은 직업을 구할 수 있는 반면 나머지 95%는 비정규직에 해당하며. 비정규직의 월평균 임금인 119만 원에 20대 평균임금의 비율 74%를 곱하면 88만 원이 산출된다는 것이다.

감정노동

앨리 러셀 혹실드(Hochschild, A)가 1983년 〈감정노동(The Managed Heart)〉라는 저서를 통해 처음 언급한 개념으로, 실제로 본인이 느끼는 감정을 숨긴 채 직무를 수행해야 하는 것이 감정노동이다. 은행원이나 승무원, 전화상담원 등과 같이 서비스업 직종에 종사하는 사람들이 대표적인 감정노동 종사자들이다.

결함 민주주의(defective democracy)

볼프강 메르켈(Wolfgang Merkel) 등이 제시한 개념으로 민주주의를 독재체제에 대비되는 단일한 개념이 아니라 선거체제, 참정권, 시민권, 수평적 책임성, 통치권의 여러 가지 부분체제(partial regimes)가 결합된 형태(embedded democracy)로 보았다. 이 중 어떤 부분이 손상되었는지에 따라 결함 민주주의의 유형이 구분된다. 그 유형에는 참정권이 결여된 배제적 민주주의(exclusive democracy), 민주적으로 선출된 대표자들이 배제된 지배 민주주의(domain democracy), 시민권이 결여된 비자유 민주주의(illiberal democracy), 수평적 책임성(행정부와 입법부 권한의 대칭)이 결여된 위임 민주주의(delegative democracy)가 있다.

경합형 의회(legislation as arena)

넬슨 폴스비(Nelson Polsby)의 의회유형 분류-전환형, 제한적 전환형, 제한적 경합형, 경합형- 가운데 하나의 유형이다. 입법보다는 정치적 쟁점과 정권을 둘러싼 여야 간 대결이 의정활동의 중심을 이룬다. 이는 중앙집권적 차원에서 원내 정당관리가 이뤄지므로 행정부가 정치적 의제를 관리하고 중요한 입법에 관해 논의하는 것에 기인한다.

고용없는 성장

국가경제의 전체적인 성장률은 상승하고 있음에도 불구하고 고용률은 현저히 떨어지는 현상을 의미한다. 초기 자본주의 경제체제에서는 경제가 성장하면 생산력 역시 증가함에 따라 일자리도 동반 상승하였으나, 기술발달에 의한 공장의 기계화·자동화와 싼 노동력 확보를 위한 해외투자 확대 등이 고용없는 성장을 유도하고 있다.

금수저-흙수저론

2016년에 새롭게 등장한 수저계급론은 개인의 노력보다 부모로부터 양도받은 부의 크기에 따라 사회적 계급이 구분된다는 의미를 갖는다. 금수저는 부유한 부모의 재력을 바탕으로 사회경제적 지위가 보장된 사람을 뜻하는 반면, 흙수저는 빈곤한 부모로부터 경제적 도움을 전혀 받지 못하는 사람을 의미한다.

기본소득(base income)

자산심사나 기여금, 노동여부에 상관없이 모든 사회구성원에게 충분하고 균등한 소득을 보장하는 제도다. 기존 임금노동 중심의 사회보험형 복지국가와 잔여적이고 시혜적 복지제도에 대한 대안 패러다임으로 제시되었다.

노동시장 이중구조

고임금-고용안정성-양호한 근로조건의 1차 노동시장과 저임금-고용불안-열악한 근로조건의 2차 노동시장으로 분리되어, 2차 노동시장에서 1차 노동시장으로 진입하거나 이동하는데 제약을 갖는 노동시장 구조를 말한다.

렌-마이드너 모델(Rehn-Meidner model)

스웨덴 경제학자인 요스타 렌(Gösta Rehn)과 루돌프 마이드너(Rudolf Meidner)가 〈노동조합운동과 완전고용〉이라는 보고서를 통해 제시한 것으로, 인플레이션이 없는 완전고용과 구조개혁, 산업합리화를 목적으로 강력한 연대임금정책과 적극적 노동시장정책 추진을 골자로 하고 있다.

버킷 엘리베이터 효과(Paternoster-Effekt)

울리히 벡(Ulrich Beck)의 승강기 효과 테제에 대한 비판이다. 버킷 엘리베이터는 양동이를 벨트에 여러 개 달아 상하로 이동·회전하게 하여 물건을 운반하게 된 장치다. 즉 승강기 효과에서 설명하듯이 엘리베이터 안에서 다 같이 상향이동하는 것이 아니라, 일부는 상승하지만 일부는 하강하는 현상을 일컫는다.

분노투표(angry voting)

20대 총선에서 보여준 2030세대의 투표행태를 두고 표현한 것이다. 이른바 삼포세대에서 N포세대로까지 표현되는 청년유권자들이 기성 정치권, 특히 정부-여당을 향한 불만을 야당지지로 표출한 현상을 말한다. 이는 정치 혹은 사회문제에 무관심으로 일관했던 청년층과 대조적인 모습으로, 일반적인 예측을 벗어나 선거의 지각변동을 야기한 투표행태이다.

비용질병(cost disease)

노동생산성의 증가 없이도, 다른 직종의 노동생산성 증가로 인한 임금 상승의 영향을 받아, 임금이 상승하는 현상을 일컫는다. 만약 임금상승이 이루어지지 않은 경우, 기업 내 인재가 유출될 수 있기 때문에, 비용질병이 발생하게 되면 기업은 임금 상승의 압력을 받게 된다. '보몰 효과(Baumol effect)'라고도 한다.

빈곤선(poverty line)

영국 사회학자인 벤자민 라운트리(Benjamin Rowntree)가 제시한 개념으로 육체적인 능률을 유지하는 데 필요한 최소한의 생활수준을 의미한다. 그는 빈곤선 이하를 제1차 빈곤, 빈곤선을 약간 상회하는 빈곤을 제2차 빈곤으로 구분하고, 가족의 각 구성원이 필요로 하는 식비와 거주비, 가계잡비의 합을 통해 빈곤선을 도출하였다. 이 개념은 현재 사회복지 대상을 규정하는 데 이용된다.

삼포세대

2011년 경향신문 특별취재팀의 기획시리즈인 〈복지국가를 말한다〉에서 처음 등장한 단어이다. 취업난과 불안정한 일자리, 물가 상승 등과 같이 사회적 압박에 따라 연애와 결혼, 출산, 3가지를 포기한 청년층 세대를 의미한다.

생활임금(living wage)

생존에 필요한 수준만큼의 임금을 보장하는 최저임금(minimal wage)에서 확장하여, 문화생활 및 자기계발을 비롯한 일정 수준의 생활이 가능할 정도의 임금을 일컫는다. 1994년 미국 볼티모어 주에서 처음으로 도입되었으며, 한국에서는 경기도 부천시가 2013년 12월 최초로 도입하였다.

소득이동성(income mobility)

세대 내 소득이동성과 세대 간 소득 이동성이 있다. 세대 내 소득이동성은 특정 기간 사이에 특정 분위의 소득계층이 여타 분위의 소득 계층으로 바뀌는 정도를 나타내고, 세대 간 소득이동성은 부모 세대의 소득 분위와 자녀 세대의 소득 분위가 달라지는 정도를 나타낸다.

수확체증(increasing returns of scale)

일정 크기의 토지에 노동력을 추가로 투입할 경우 노동력의 증가량보다 더 많은 생산량의 증가를 보이는 현상에서 기인하는 개념으로, 일반적으로 상품을 추가로 생산하기 위한 단위당 비용이 감소하는 현상을 의미한다. 숙련을 비롯한 지적 자본은 노동 투입이 반복될수록 새로운 지식이나 노하우가 쌓이게 됨으로서 더 높은 생산성을 보이게 되는 수확체증의 전형적인 사례이다.

인지포획(cognitive capture)

조지프 스티글리츠(Joseph Stiglitz)에 의해 제시된 개념으로, 규제를 담당하는 사람의 사고 및 판단이 규제 대상의 그것에 포획되어, 오히려 규제 대상에게 유리한 방향으로 규제를 운영하게 되는 현상을 의미한다. 인지포획의 원인에는 비금전적인 요인, 즉 규제 담당자의 개인적 인간관계 또는 사회적 소속집단과 같은 요인들이 있다.

일-생활 균형(work-life balance)

일-생활 균형은 일-가정 균형(일터와 가정에서의 생활에서 겪는 부담이 최소화되어, 조화롭게 균형을 이루고 있는 상태) 개념에서 확장되어, 일터와 개인의 생활 전반(여가, 휴식, 취미생활, 자기 계발 등을 포함하여)이 조화롭게 균형을 유지하고 있는 상태를 의미한다.

재정건전성(fiscal stability)

국가가 재정을 운용하는 일정 기간 동안, 세출이 세입을 초과하지 않아 차입이나 공채발행을 통한 재원조달이 필요하지 않는 상태를 의미한다. 세입과 세출이 동등한 수준을 의미하는 '균형재정'과 세입이 세출을 초과한 상태인 '흑자재정'이 이에 속한다.

적극적 노동시장정책(Active Labor Market Policy, ALMP)

소극적(negative) 노동시장 정책이 실업급여, 실업부조 등의 형태로 실업자에게 임금손실을 보전하는데 비해, 적극적 노동시장정책은 실업자가 일자리를 찾아 갈 수 있도록 지원하는 프로그램을 말한다. 적극적 노동시장정책에는 직업상담, 일자리 알선 등의 고용서비스, 직업훈련, 채용장려금과 같은 고용보조금, 국가의 직접 일자리 창출 등이 있다. 스칸디나비아 국가들에서 채택된 이후 유럽을 비롯한 각 나라들로 확산되고 있다.

적정임금(prevailing wage)

보다 규범적인 개념으로서 개개인의 가치관에 따라 내용이 달라진다. 예를 들어, 몰인정한 고용주는 노동자에게 최소한의 임금을 지불하려 할 수 있는 반면 극단적인 노동자는 기업이 도산하지 않는 수준에서 임금 지불을 요구할 수 있다. 그러므로 적정임금은 노사에게 모두 공감가능한 수준에서 공정한 기준이 되어야 한다.

전환형 의회(transformative legislation)

넬슨 폴스비(Nelson Polsby)의 의회유형 분류-전환형, 제한적 전환형, 제한적 경합형, 경합형- 가운데 하나의 유형이다. 전환형 의회는 정보에 대한 통제력을 갖고 있으며 입법과정에서 자율권을 행사한다. 또한 행정부의 책임을 묻는 등, 행정부의 지배를 실질적으로 차단하여 의회의 영향력을 효과적으로 발휘한다. 가장 명확한 사례로 미국 의회를 들 수 있다.

주문형 경제(on-demand economy)

수요가 경제 활동의 핵심에 위치한 경제 체제를 일컫는다. 주요한 경제 활동이 수요자의 주문에 의해 이루어지며, 공급자는 수요자의 요구에 언제든지 대응할 수 있는 상태이다. 수요가 개개인마다 다양하다는 특성으로 인해, 다품종 소량생산 체제와 높은 연관성을 갖는다.

터널효과(tunnel effect)

2차선 터널 안에서 차량이 정체해 있더라도 옆 차선의 차들이 움직이면 자기 차선도 곧 움직이게 될 것이라는 기대감으로 정체를 감내하지만 그 상태가 지속되면 참지 못하고 끼어들어 결국 터널 안이 막히게 되는 현상을 말한다. 터널효과는 경제발전 초기에는 불평등이 있더라도 인내심이 발휘되지만 일정 시점이 지나면 한계에 이르게 될 수 있다는 점을 지적한다.

항상소득(permanent income)

항상소득이란 특정 개인이 일생동안 얻을 것이라 기대하는 평균소득을 의미한다. 이 개념에서 기인한 밀튼 프리드먼(Milton Friedman)의 항상소득가설은, 개인은 자신의 소비 수준을 일정 수준으로 유지하고 싶어 하지만 실제로 얻게 되는 소득(실제소득)은 항상소득보다 높을 수도 있고 낮을 수도 있기 때문에, 일반적으로 개인의 소비 수준은 항상소득에 의해 결정된다고 본다.

색인

필자소개

제1장 황규성 | 한신대학교 연구교수(정치학)
『통일 독일의 사회정책과 복지국가: 통일 20년, 독일인 살림살이 들여다보기』(후마니타스, 2011)

제2장 전병유 | 한신대학교 교수(경제학, 연구단장)
『경제민주화: 분배 친화적 성장 가능한가』(모티브북, 2012, 공저)
『노동시장구조와 사회보장체계의 정합성』(한국노동연구원, 2011, 공저)

제3장 이철승 | 시카고대학교 교수(사회학)
『When Solidarity Works: Labor-Civic Networks and the Politics of Welfare State in Developing Countries』(Cambridge University Press, forthcoming)

제4장 오선영 | 한신대학교 공공정책연구소 연구원(통계학)
이재경 | 한신대학교 공공정책연구소 연구원(정치학)

제5장 전병유 | 한신대학교 교수(경제학, 연구단장)
정준호 | 강원대학교 교수(경제지리학)
『위기의 부동산: 시장 만능주의를 넘어서』(후마니타스, 2009, 공저)

제6장 정세은 | 충남대학교 교수(경제학)
『이명박 정부 경제정책의 기조와 평가』(한울, 2012, 공저)

제7장 장지연 | 한국노동연구원 선임연구위원(사회학)
『OECD 주요국의 고용보호와 사회적 보호』(한국노동연구원, 2012, 공저)

제8장 강병익 | 한신대학교 연구교수(정치학)
『유럽정당의 복지정치』(성균관대 출판부, 2014, 역서)

한신대학교 공공정책연구소

한신대 공공정책연구소는 한국연구재단 SSK(Social Science Korea) 사업의 일환으로 설립되었으며, 2011년부터 2014년까지 3년간은 "다중격차의 재생산 구조와 사회정치적 의제화", 2014년부터 현재까지는 "다중격차 시대의 사회적 균열과 정책 패러다임 전환"이라는 대주제로 2011년부터 한국의 불평등을 연구해 오고 있다.

세계 각국의 불평등에 관한 연구 프로젝트에 참여했다. 2014년에는 옥스퍼드대학교 출판부에서 발간한 『Changing Inequalities and Societal Impacts in Rich Countries』의 한국 부분인 「Korea: The Great U-Turn in Inequality and the Need for Social Security Provisions」를 집필하였다. 이를 바탕으로 『Growing Inequality and Its impacts in Korea』를 출판하기도 했다.

http://www.inequality.or.kr